本書について

『生徒の未来を支える オルタナティブ高校の挑戦』（*Solution Focused Brief Therapy in Alternative Schools*）では，スクールソーシャルワーカーやスクールカウンセラーがその他の学校関係の専門家とともに，どのようにして効果的な解決志向の退学防止プログラムを創りだせるかについて，順を追った指針を提供します。著者は，解決志向の退学防止プログラムのカリキュラムと日常的な業務について，このアプローチを用いた学校での経験をもとに，理解の助けとなるケースと詳細な説明をまじえて詳しく述べています。

シンシア・フランクリン（Cynthia Franklin, PhD, LCSW）は，米国テキサス州オースティンにあるテキサス大学の博士教育分野の副学部長および同大学の一部門，スティーブ・ヒックス・スクールオブソーシャルワーク[1]で精神保健研究におけるスティアンバーグ／スペンサー・ファミリー・プロフェッサーであり，解決志向ブリーフセラピーの国際的な専門家です。

カルビン・L・ストリーター（Calvin L. Streeter, PhD）は，オースティンにあるテキサス大学のスティーブ・ヒックス・スクールオブソーシャルワークの，農村環境でのクオリティ・オブ・ライフを専門とする，メドウズ財団センテニアル・プロフェッサーであり，コミュニティに基礎を置く実践の専門家です。

リンダ・ウェッブ（Linda Webb, PhD）は，ゴンザーロ・ガーザ独立高校の校長であり，その解決志向の授業に対する顕著な貢献と，都市部の学校を変革するリーダーシップにより，世界的に知られています。

サマンサ・グーズ（Samantha Guz, MSSW, LSW）は，オースティンにあるテキサス大学のスティーブ・ヒックス・スクールオブソーシャルワークの卒業生であり，学校で危機的状況にある青年に関わる専門知識を持った，ソーシャルワークの実践家です。

---

[1]　https://socialwork.utexas.edu/

Solution Focused Brief Therapy in Alternative Schools:
Ensuring Student Success and Preventing Dropout

生徒の未来を支える オルタナティブ高校の挑戦

解決志向の学校をつくろう！

シンシア・フランクリン／カルビン・L・ストリーター
リンダ・ウェッブ／サマンサ・グーズ [著]

三島徳雄／竹之内裕一／ネルソン彩 [訳]

金子書房

Solution Focused Brief Therapy in Alternative Schools:
Ensuring Student Success and Preventing Dropout

by Cynthia Franklin, Calvin L. Streeter, Linda Webb, and Samantha Guz

© 2018 Taylor & Francis

　本書を，解決志向ブリーフセラピー（Solution Focused Brief Therapy: SFBT）の開発者の一人であるインスー・キム・バーグ（Insoo Kim Berg, MSW）に捧げます。彼女は，ガーザ高校の教師や職員に対しての教育訓練に早い段階から支援の労を取ってくれました。彼女の先見の明とひらめきは私たちが解決志向の高校を創る助けとなりました。インスーが愛情をこめて"私は高校を養子に迎え入れて，親になりました"と言っていたように，彼女のコミットメント（責任ある関与），尽力，生徒を援助することに対する情熱は，多くの人の人生に生き続けています。

シンシア・フランクリン

カルビン・L・ストリーター

リンダ・ウェッブ

サマンサ・グーズ

日本の読者に向けて

シンシア・フランクリン（PhD, LCSW, LMFT）[1]

　若者に向けてできることで何よりも役立つことは，彼らが自分の教育目標を達成できるよう支援をすることだ，というのが私の個人的な信念です。このため，私たちの著書である『生徒の未来を支える オルタナティブ高校の挑戦』が翻訳され，日本の親や教育者の方々に読んでもらえることを，とても嬉しく思っています。

　本書では，メンタルヘルスの問題や社会的な課題を抱えている生徒の卒業を実現できる解決志向の高校を，どのようにして創るかが示されています。私たちは，ストレスや社会的課題，メンタルヘルスの問題が，あらゆる国の若者の輝かしい未来に影響を与えている時代に生きています。今日，日本の若者の中にもうつ状態や不安を経験したり，不登校になっていたりする子もいるでしょう。また，学校でいじめにあって，学業に集中できないでいることもあるでしょう。若者の自殺は，その自殺率の急増により，世界的な問題となっています。日本の若者も，学校での問題による自殺のリスクを抱えていることでしょう。

　本書では，解決志向ブリーフセラピー（Solution Focused Brief Therapy：SFBT）と呼ばれるセラピーのアプローチを用いて，若者が学校で成功を収め，メンタルヘルスを改善する手助けとなる学校プログラムの

---

[1]　テキサス大学オースティン校スティーブ・ヒックス・スクールオブソーシャルワーク，スティアンバーグ／スペンサー・ファミリー・プロフェッサー（精神保健研究）。
cfranklin@austin.utexas.edu

創り方が示されています。SFBT はエビデンスに基づく短期の介入手法であり，米国では 1990 年代初めから，ソーシャルワークやカウンセリングの分野で用いられてきています。

2002 年に私たちは，個人的問題や社会的問題により高校を退学した生徒の卒業を支援するために，SFBT を用いた解決志向による学校として，テキサス州のオースティンにゴンザーロ・ガーザ独立高校（以下，ガーザ）を創設しました。ガーザの名前は，オースティン学区副教育長・臨時教育長であった人物の名前に由来していますが，彼自身も退学を経験していて，多くの人生の逆境を乗り越えた人でもあります。

すべての若者が人生の逆境を乗り越え，学校で成功を収めることのできる解決志向の高校を始めることが，私たちの未来像でした。ガーザは，危機にある生徒が大学進学を目指す予備校的な存在であり，経済的・社会的に恵まれない生徒の状況を改善する支援をします。ガーザが，米国の教育界や日本をはじめとする他の多くの国でのモデル校となったことに対して，私たちは謙虚な気持ちになるとともに，光栄に思いました。

ガーザには，日本からの教育関係者，著名な医師，実業家を含め，様々な国の人々が学びにきています。日本や他の国からの訪問団の方々は，自国で様々な教育関係者が解決志向による学校運営を再構築するためにはマニュアルが必要だと話しました。この話をきっかけに，本書を書くこととなったのです。

『生徒の未来を支える オルタナティブ高校の挑戦』は，ガーザのような学校プログラムを創る方法のマニュアルとして活用可能です。本書が，日本の教育関係者や親の方々が自らの解決志向の高校を創るのに役立つことを願っています。すでに日本でも，解決志向の高校が誕生したと聞きました。日本の教育関係者の尽力によって創られた学校が，ここテキサス州オースティンでのガーザのように，若者の助けとなることを確信しています。

日本の若者が，私たちが彼らの未来に向けて抱いている思いを見出

し，解決志向の実践の中から希望や輝かしい未来を見つけてくれることを心から願っています。

リンダ・ウェッブ（PhD）²

　世界中の校長先生が，生徒の抱える複雑多様な問題にどう対処すべきかを懸命に見出そうとしています。

　アクティングアウト[3]や自傷行為を行う生徒が増えるなか，私たちは次の世代の若者たちに，自分自身とその行動に責任をもって成功を収めていくためのあらゆる機会が提供されるよう，一丸となって働きかける必要があります。生徒が自傷行為を行ったり，破壊的行動に訴えたりする件数が増えるなか，教育関係者はしばしば職務の範疇を超えた状況に直面します。次の世代の若者たちが成功するためのすべての機会を与えられるよう，私たちは力を合わせて解決を見つけ出さなくてはなりません。生徒が自分自身とその行動に責任を持つ方法を学ぶには，私たちがキャンパスで総力を上げるほかないでしょう。

　私はガーザの校長として，生徒や教職員に解決志向アプローチを用いることによる多大な影響を目の当たりにしてきました。本書に書かれた実践内容が，他の人たちが生徒に前向きな影響を与える助けとなることを願っています。

---

[2] ゴンザーロ・ガーザ独立高校校長。

[3] 訳注：感情を行動で示す行動化。

目　次

1章 解決志向オルタナティブ高校のプログラムを創造する・・・・・・・・・・・・・・・・・1

2章 解決志向オルタナティブ高校のプログラムを
構築するための方略 ・・・・・・・・・・・・ 43

7章 長期的な持続可能性と成功・・・・・・・・・・195

序　文

　危機的状況にある青年が何十人も通うオルタナティブ（alternative）高校で毎日働いていると想像してみてください。教育者と親はどんなときも，社会的かつ情緒的な危機の徴候，自殺念慮，そしてストレスの多い交流や人間関係の問題を引き起こす挑戦的な行動を扱うように迫られる可能性があります。オルタナティブ高校は中途退学防止プログラムとしてしばしば貢献しますが，対象となる危機的状況にある青年にはたいてい学業上の困難や中途退学の状態と不幸な子ども時代の経験，つまり，心的外傷，ビヘイビオラル・ヘルス（behavioral health）問題[1]，社会経済的，家族的かつ文化的なストレス，そして不安定な生活状況が同時に存在します。これらの生徒は通常，教育者により「危機にある」とレッテルを貼られますが，教育者はまた彼らを，悲しいケースで，改善の見込みはなく，そして矯正不能と見なすかもしれませんし，人生で成功する機会は極めて限られていると見なすかもしれません。本書では，反対の見解を創り上げたいと思います。それは強さに基づき，未来に焦点を合わせるものであり，そして，危機にある生徒がオルタナティブ教育プログラムや人生において，どのように学業上の目的を達成することができるかを示すものです。本書での私たちの主要な目標は，危機にある生徒とともに解決志向ブリーフ

---

[1]　訳注：従来のメンタルヘルスに加えて，暴力，自傷行為や薬物乱用などを含むとする新しい概念。

セラピー（Solution Focused Brief Therapy: SFBT）を実践する方法と，SFBTアプローチに組み込まれている変化の原理原則と実践を追求するオルタナティブ高校プログラムを開発する方法を，教育者に示すことです。本書は，すべての生徒が成功するのを見たい，そして教育格差を埋めたい，という私たちの個人的な強い願望を表現しています。長年の間に教育畑で，危機にある生徒とともに，オルタナティブ高校において私たちが学んできた，すでに立証されたSFBTの実践を読者に伝えることが，私たちのゴール[2]です。

　私たちには，危機にある生徒の学業における成功を確かなものとするという話題に言及する資格が，個人的にも職業的にもあります。実際のところ，この話題は私たち全員にとって非常に個人的なものです。フランクリン博士（Dr. Cynthia Franklin）は高校を中途退学しましたが，そのとき教師が彼女に「あなたは文章を書くのが上手だ」と言いました。このコメントは，彼女の学業的な自信と卒業して大学に進学する能力に，深甚な影響を与えました。ストリーター博士（Dr. Calvin Streeter）は，多くの教育者がのちの成功を予測するような形で学術的キャリアを始めたのではありませんでした。高校では平均的な生徒だった彼は10年間，自動車修理工場を経営してからやっと大学のキャンパスに足を踏み入れたのでした。グーズさんは，自身の子ども時代の経験——彼女はオルタナティブ高校を卒業したのですが——その学校での経験により，ソーシャルワーカーの道を志すことになりました。なぜなら，他の学校ではしばしば見過ごされている社会的な不公平とメンタルヘルスの問題を，彼女は理解することになったからでした。

　ウェッブ博士（Dr. Linda Webb）には幼少期の個人的な経験があり，他の教育者によくその話をします。なぜならそれが，彼女の物事に対する総体的な見方を根底から形作り，彼女に，危機にある生徒とともに取り組む心構えをさせることになったからです。それはこんなお話

---

[2]　訳注：“goal”には単なる“目標”以上の意味が含まれているため，本書では一律「ゴール」と訳しました。

です。「やがて私は，日々安心して過ごしていたわが家を出て幼稚園
生活を始めることになりました。母が私に保証したのは，私が楽しい
時間を過ごすだろう，そして先生も，教室に可愛い小さな天使がいる
と喜ぶだろう，ということでした。翌日，私はハンコック先生の教室
のドアの所までやって来て，ドアに私の名前があるのを見ました。日々
は過ぎ，ハンコック先生は私たちに，何かができたら星のシールを貼っ
ていくという星取り表を見せました。先生が言うには，園児たちの仕
事はその星取り表を星で埋めることでしたが，いろいろある中で，百
まで数えられること，色の名前が言えること，そしてリボンを結ぶこ
とができることを明確に示すと，その星がもらえたのでした。私は興
奮しました。なぜなら，そういったことはほとんどすでにできていた
からです。毎日，私たちには，自分がすでに習得したことを同級生に
示す機会があり，そして全員の前で星をもらったのでした。ある日の
午後，ハンコック先生が赤い木靴の片方を取り出して，"今日，この
靴紐を結んで，星をひとつもらいたいのは，誰かな？"と尋ねました。
私は手をさっと挙げ，先生が私を選んだとき，喜びでドキドキしまし
た。跳ねるように教室の前のほうに出ていき，その端に飾りのついた
片方の靴紐を輪になるようにつまみ，もう片方の靴紐をその輪に巻き
付けて，その輪を通し，かがんで，歯でその靴紐を引っ張り出して
しっかり絞めました。すると，"汚い女の子ね！　あなたがそれを口
に入れたことをお母様が知ったら，何て思うかしら？"とハンコック
先生は怒鳴りました。私は何も言えませんでした。精神的ショックを
受け，恥ずかしくて，カーペットの反対側の端まで黙って引き下がり，
床に崩れ落ちました。私はできるだけ縮こまろうとしていたので，ハ
ンコック先生が，靴紐に触れた汚い両手のことや，口には絶対に物を
入れないことについてブツブツ言っているのは聞き取れず，"汚い女
の子ね！"という言葉だけが頭の中をグルグル回っていました。星取
り表を見ても，貯まっていた金の星は全く見えませんでした。"汚い
女の子"と金切り声をあげた，左から4つめのひとつの空白の四角の
枠が，私の注意を引き付けました。幼稚園の最後の週の間，私は落第

するだろう，みんなが私の汚さに気づくだろう，と思っていました。

　家で，私の汚さを打ち明けられる唯一の生き物であるクマさんをつかんで，心が壊れそうなほど泣きました。兄が私の部屋にやってきて，どうしたのかと尋ねました。私はすすり泣きながら，靴紐が結べなかったことを説明しました。"リンダの靴紐はちゃんと結んであるよ，おバカちゃん"と彼は言いました。一呼吸おいて，私は何とか"幼稚園"と"星がない"と声を発しました。兄は，"お母さんが靴紐を結ぶように，幼稚園で靴紐を結んだの？"と優しく尋ねました。もちろん！他にどうやって靴紐を結ぶのでしょうか？　それから兄は，私たちの家でしかやらないことがいくつかあることを，私に静かに説明しました。悪いことではなかったのですが，他の人たちはそれを誤解するかもしれないからです。その日の午後，兄は私に，両手を使った靴紐の結び方を教えてくれました。実は，母は生まれつき両手が無かったのです。そして私は，母が愛情をこめて姉や私の靴紐を結ぶ様子を見て，靴紐の結び方を学んでいたのでした。翌日，幼稚園に行って，"ハンコック先生のやり方"で靴紐を結び，そして星をもらいました。その星が放つ光が今でも，私の人生を通して輝き，私の教育哲学を導いています。子どものことを知らずに下した私たちの個人的な判断により，私たち教育者は無意識のうちに，しかし永久に，天使の無垢の翼を切り取ってしまうことがありえます。私は幼稚園を卒園し，ある状況についての自分の見解だけに基づいて他人を判断することは絶対にしてはいけないと悟りました。他者の行為の背後にある本当の意味を発見するには，彼らがその状況に関する自身の見解に光を当てられるようにしなくてはなりません。そうすることにより，闇夜の荒天のように見える中で，ときどき私は虹を見ることができるのです。靴紐を結ぶにはただひとつのやり方しかないと考えて人生を送るのは，何と寂しいことでしょう！」[3]

---

[3]　訳注：https://www.youtube.com/watch?v=kiAdwNsEOB4&t=2s で本人がこのエピソードについて語っている動画が見られます（2021年11月1日閲覧）。

本書が対象とする読者と内容

　子どもや青年を対象に SFBT を実践する方法を学びたいと思っている専門家にとって，本書はとても興味深く，それぞれの職務に有用な内容となっています。本書が対象とする主な読者は，オルタナティブ高校で働く学校関係の専門家（例：校長，教師，カウンセラー，ソーシャルワーカー）とオルタナティブスクール内での教育的な実践を改善したいと思っている他の人々（例：親，学区の担当者，教育委員会の委員）です。私たちは本書が，オルタナティブスクールで危機的状況にある青年とともに SFBT を使う方法を学びたいと思っている実践家にとって，とても実際的で役立つものとなるように書きました。事例や実践家の経験が本書のすべての章に組み込まれ，オルタナティブ高校のすべての人がどのように SFBT を用いれば，危機的状況にある様々な生徒の学業上の成功と卒業を確実なものにできるかがよくわかります。特に私たちは，校長，教師，カウンセラー，そしてソーシャルワーカーからの実際の事例を提供し，テキサス州オースティンにあるゴンザーロ・ガーザ独立高校（Gonzalo Garza Independence High School; 以下，ガーザ）[4]というオルタナティブ高校での取り組みを通して SFBT の実践の仕方を示します。**ガーザ**は選択制の公立学校であり，1998 年の創立以来，解決志向オルタナティブ高校プログラムとして際立った実績を上げ，危機的状況にある生徒を卒業させ，卒後教育に送り込んでいます。解決志向の技術[5]の事例と応用は，研究目的の面接と，オルタナティブ高校プログラム内で SFBT を用いる日々の実践の両方から採られています。

　本書には 7 つの章があります。1 章では SFBT の成り立ちと学校に

---

[4]　訳注：校名の Independence High School は私立高校を意味する independent high school とは異なり，独立，独自といった学区の性格に由来します。

[5]　訳注：本書では一律に "technique" を「技術」または「技法」，"skill" を「スキル」と訳しています。

おける有用性を実証します。この章ではまた，SFBTが変化を起こす過程を説明し，その質問法（例：例外の質問，スケーリングクエスチョン，ミラクルクエスチョン）を簡潔に記述します。さらに，解決志向の8つの原理原則に従うことにより，本章で定義されたSFBTが変化を起こす過程をオルタナティブスクールのプログラムに変換する方法について示します。2章は，米国内外の極めて多くの実践家からよく受ける，ガーザの創立と運営の様子についての質問に具体的に答える形で展開しています。特にこの章は，解決志向の思考様式を創り出す方法について取り扱い，そして，解決志向キャンパスのコミュニティの重要性とその構築の仕方を含めて，解決志向オルタナティブ高校のプログラムを創り出す方法についての様々な側面を扱います。3章では，人間関係の重要性を説明し，特に，SFBTを使って危機にある生徒と関係を構築する方法を明確に示します。そこではまた，危機にある生徒にとっても，教師との関係が非常に重要であることを示します。4章では，危機にある生徒とともに，ゴールを設定し前向きな期待を育む方法や，希望やその他の前向きな感情を創り出す方法を説明します。また，オルタナティブ高校の中で成功の物語を創り出す方法や，学校での前向きな経験が，どのように親や家族へのストレスを軽減する可能性があるかも説明します。5章では，様々な専門領域や学術領域の枠を超えたチームアプローチを用いて，オルタナティブ高校の中で解決志向の生徒支援チームを創り出す方法を検討します。6章では，カリキュラムと指導を扱い，オルタナティブ高校プログラムで，危機にある生徒を教育して卒業させるのに必要とされる主要な要素を示します。この章ではまた，カリキュラムと指導における，ゴール，解決構築の会話，そして他の解決志向の実践方法の活用の仕方も示します。この章ではさらに，危機にある生徒とともに教室でSFBTの質問と技術を教師が活用する様子を示す数多くの実例を提供します。最後に7章では，オルタナティブ高校プログラム内でSFBTを継続する方法をテーマに，変化に対応するための実践的なアドバイスを提供します。

謝　辞

　最初に，このたび本書を書き上げるにあたり，その経験を提供して
くださったガーザの教師，職員，生徒の皆さんに感謝します。とりわ
け，コイラ・モロー先生には，スケジュール調整やインタビュー，事
例提供に大きく貢献された先生方からの情報の収集に粘り強く取り組
んでいただいたことに感謝したいと思います。また，SFBT を用いた
個人的な経験を書いてくださり，その活動についての継続的なインタ
ビューにも耐えてくださった，教師，カウンセラー，ソーシャルワー
カーのすべての方々にも深く感謝しています。また，大学院生の研究
助手の皆さんにも感謝しています。彼らは各章の内容を充実させるた
めに，データや事例，ストーリーの収集に協力してくれました。なか
でもダニエラ・アレンさんには，情報収集やある章の初期の草稿作成
にご協力いただきました。さらに，レノーア・マイカ氏に原稿編集の
支援をいただいたことにも感謝しています。加えて，ルートリッジ社
の編集者やスタッフにも感謝しています。彼らもまた原稿に取り組み，
出版を実現させてくれました。最後に，私たちが原稿を書きあげるた
めの過程に耐えてくれた家族とスタッフに感謝します。一冊の本を作
成するにはチームが必要です。

シンシア・フランクリン

カルビン・L・ストリーター

リンダ・ウェッブ

サマンサ・グーズ

1章

解決志向オルタナティブ高校の
プログラムを創造する

　生徒が自分の運命をコントロールしている高校を想像してみてくだ
さい。環境や過去の経歴で生徒の将来が決まるはずはないと信じてい
る高校を想像してみてください。生徒の家族の問題や取り巻く環境が
学業や職業における個人的な成功に決定的な影響を与えるとは限らな
いと信じている高校を想像してみてください。生徒が逆境にあること
や人生の困難を経験していることを，改善に向け利用できる強さと考
えている高校を想像してみてください。希望を鼓舞し，生徒が歩む小
さな一歩の積み重ねが大きな変化につながると説く高校を想像してみ
てください。自分にとって肯定的な成果を確実にするための基礎とな
る能力をすべての生徒が持っていると，校長，教師，カウンセラー，
ソーシャルワーカー，そして職員一人ひとりが確信している高校を想
像してみてください。危機にある青年や中途退学の青年が，学校に通
い，卒業し，そして立派に大学に進学したり就労したりする高校を想
像してみてください。多くの夢が現実のものとなる解決志向のオルタ
ナティブ（alternative）高校を想像してみてください。

はじめに

　オルタナティブ教育プログラムには，通常の K-12（13 年間）教育 [1]

---

[1]　訳注：幼稚園の年長（Kindergarten の "K"）から高校卒業まで 13 年の教育期間のこと。

から外れる，公的オルタナティブ・プログラム，チャータースクール，そして他のオルタナティブ教育プログラムなどがあります。最近は，学校選択のオプションが教育政策の注目の的になっていることから，現在これらの教育機関はこれまで以上に注目が集まっています。パロウスキら（Parowski et al., 2014）の報告では，48の州と首都でオルタナティブ教育プログラムが提供され，これらの学校の大多数で中等および高等レベルの教育が生徒に提供されています。研究によれば，オルタナティブスクールの生徒は子ども時代に逆境に直面した体験を持ち，心的外傷を負い，メンタルヘルス関連の症状や行動上の問題を経験している可能性がより高いようです。多くのオルタナティブスクールの生徒はまた，差別や民族的マイノリティで低収入という社会的地位のために，通常の公立学校の生徒に比べて，社会から取り残され抑圧されています（Escobar-Chaves, Tortolero, Markham, Kelder, & Kapadia, 2002; Grunbaum et al., 2000）。オルタナティブスクールの生徒の最も一般的な問題は，不健康な行動，学業不振，そして不登校です（Foley & Pang, 2006）。社会経済的ストレス，家族問題，そして薬物使用，思春期の妊娠，子育てや不安定な生活状況といった問題もまた，オルタナティブ高校の生徒の間でよく見られることです（Bornsheuer, Polonyi, Andrews, Fore, & Onwuegbuzie, 2011; Breslau, Miller, Chung, & Schweitzer, 2011; Lehr, Tan, & Ysseldyke, 2009）。

本書で学校管理者，教師，カウンセラー，ソーシャルワーカー，そして他の全職員に示したいことは，どうすれば自分たちで，解決志向ブリーフセラピー（Solution Focused Brief Therapy: SFBT）の治療的変化をもたらす技術を活用する解決志向オルタナティブ高校を創設し，その結果，危機にある高校生たちを，大学進学の準備から卒業にまで持っていくことができるか，ということです。本書では研究と実践経験の両方に基づき，オルタナティブ教育でSFBTを実践する方法を具体的に説明します。このうち研究は，SFBTが学校，クリニック，少年裁判所そして児童福祉施設での子どもや若者に対する効果的な介入であることを示す，相次ぐ数々のエビデンス（証拠）によっても

たらされたものです（Bond, Woods, Humphrey, Symes, & Green, 2013;
Franklin, Kim, & Tripodi, 2009; Franklin, Trepper, Gingerich, & McCollum,
2012; Jordan et al., 2013）。実践経験は，あるオルタナティブ高校で実
際に SFBT を活用した取り組みがもとになっています。その高校と
はテキサス州オースティンにあるゴンザーロ・ガーザ独立高校（以
下，ガーザ）です。ガーザでは 2001 年から SFBT 活用を続けてきま
した。そして，危機にある生徒が卒業できるように，ここでは全職員
が SFBT を実践して援助するので，解決志向高校と呼ばれています。

　本書の最初の章では，SFBT の成り立ちと学校での活用の様子を説
明します。SFBT による変化のプロセスと技術についても説明し，実
例を示します。本章ではさらに，オルタナティブ高校のあらゆる人が
活用できる一連の解決志向の原理原則を注意深く守りながら，どのよ
うにして SFBT に組み込まれた変化の技術をオルタナティブ高校のプ
ログラムに変換するかを実例で示します。学校の職員がこれらの原理
原則を実践するとき，危機にある生徒が卒業できるように援助する，
チームと学校の文化が創造されるのです。

学校における SFBT

　SFBT は 1980 年代初期にウィスコンシン州ミルウォーキーにあっ
たブリーフ・ファミリー・セラピー・センター（Brief Family Therapy
Center）で，スティーブ・ディシェイザー（Steve de Shazer）とインスー・
キム・バーグ（Insoo Kim Berg）という二人のソーシャルワーカーに
率いられた学際的なメンタルヘルス専門家のチームにより開発されま
した（de Shazer, 1985; de Shazer et al., 1986）。この学際的なチームのア
プローチが SFBT の発展と実践の中心となりました。マジックミラー
のおかげで，様々なセラピストや研究者同士が，その場で互いに相談
して影響し合い，そしてクリニックを訪れた子どもや青年，家族とも
やりとりを行いました。多くの家族が治療を求めて訪れましたが，そ
うした人たちは個人的な心的外傷を抱えていたり，ホームレス，児童

虐待，精神障害や薬物使用といった多くの問題を持っていたりしただけでなく，社会福祉サービスや法廷制度との頻繁な関わりもありました。ミルウォーキーのチームが発見したのは，彼らの強さやリソース（資源），過去の成功，そしてゴールや将来の希望についての会話をするほうが，ただ彼らの問題だけを話し合って，問題を解決するための方策を作り出そうとするよりもうまくいくということでした。強さを基礎とする未来指向のこの方法で，人々が自分の問題を解決できるよう援助をすることが，SFBT の治療的変化の過程の中核になりました。やがて，セラピストや研究者は SFBT の治療的技術を改善し研究を重ね，これが子どもや青年と協働作業をするのに効果的な方法であることを数々の研究で実証しました（Franklin et al., 2012）。

1990 年代初期にカウンセラーやソーシャルワーカーが学校で SFBT を活用し始め，その取り組みから概念的な説明書や実践書が相次いで出版されました（例：Berg & Shilts, 2005; Kelly, Kim, & Franklin, 2008; Kral, 1995; LaFountain & Garner, 1996; Metcalf, 2008; Murphy, 1996; Murphy & Duncan, 2007; Sklare, 1997; Webb, 1999）。数々の研究報告が，SFBT は次の問題を改善する有効なアプローチであることを示しました。その問題とは，不安，うつや薬物使用といった情緒的ないし行動上の問題，素行問題，そして学業上の問題です。そして SFBT は中途退学の予防にも役立ちました（例：Bond et al., 2013; Franklin, Biever, Moore, Clemons, & Scamardo, 2001; Franklin, Moore, & Hopson, 2008; Franklin, Streeter, Kim, & Tripodi, 2007; Kim & Franklin, 2009; Newsome, 2004）。SFBT は学校で，支援不足であったり，経済的な困難を抱えたり，民族的マイノリティであったりする生徒に対処するのに効果的に活用されてきました（Kelly & Bluestone Miller, 2009; Newsome, 2004）。そして，研究報告は SFBT が幅広い様々な集団に対して効果的に使えることを実証しました（Fong & Urban, 2013; Hsu & Wang, 2011; Kim, 2013）。

30 年以上にわたる研究の結果，今や SFBT は学校でのソーシャルワークやカウンセリングにおける確立された介入方法となりました。

そして様々な領域（例えば，カウンセリング，スクールソーシャルワーク，心理学）を越えて応用されており，米国，カナダ，ヨーロッパ，オーストラリア，南アフリカ，韓国，そして中国本土の諸地域や台湾の学校で使われています（例：Daki & Savage, 2010; Fitch, Marshall, & McCarthy, 2012; Kelly et al., 2008）。SBFT は学校に適した介入方法です。なぜなら，これは教師が教室で行う一次的介入で使うことができるだけでなく，カウンセラーやソーシャルワーカー，そして他のメンタルヘルス専門家による二次的介入（小集団対象）や三次的介入（特定の対象）においても使うことができるからです（Franklin & Guz, 2017; Metcalf, 2010）。SFBT による介入は，いろいろな学年や様々な集団（例：教師，親，そして生徒）に対して応用されてきました。研究はまた，この方法が個人，集団，学級，家族への介入，そして組織レベルでの介入さえも含む，いろいろな介入様式で使うことができることも示しました。

教師が SFBT を学ぶことの重要性

　教師と生徒の間の人間関係は，学校メンタルヘルスでのあらゆる介入にとって重要であり，最終的には学校の成功にとっても重要です（Paulus et al., 2016）。研究によれば，一般的に教室での困難な行動の大半は教師が取り扱っていることから（Barnes et al., 2014），オルタナティブ教育で危機にある生徒に対処する教師の役割が，生徒の成功を確かなものとするのに特に重要になります。SFBT の強みは，オルタナティブ高校の全教育関係者に対する教育が可能なことであり，カウンセリングの訓練を受けてきた専門スタッフ（SISP）[2] へのみ教育が可能というわけではありません。教師がセラピストになること期待する人はいませんが，オルタナティブ高校にいる者は誰でも，危機にある生徒と解決構築の会話をして，SFBT の基本的な変化の過程と技術に

---

[2] 訳注：Specialized Instructional Support Personnel（SISP）は教師や学校関係者，親などと一緒に，生徒が学業上や社会生活上での成功を得るために，教室の内外で必要とするサービスを提供する人。"non-classroom educators" と呼ばれることもある。

従ってやっていく方法を学ぶことができます。研究によれば，教師は教室でメンタルヘルスの一次的介入を効果的に提供していますが，介入の多くは極めて構造化され，社会的スキルなどのカリキュラムとして紹介されています（Franklin et al., 2017）。構造化されたカリキュラムも有益ではありますが，SFBT では変化の過程や，傾聴や適切な質問をする方法などの具体的な技術を用いて生徒と対話する方法を教師が学ぶことで，より柔軟なアプローチが可能となります。解決志向の会話は授業の形式にかかわらず，問題が起こったときに自発的に行うことができます。予期せぬ危機的状況に陥っても，教師は SFBT の実践を活用して対応することができるでしょう。SFBT による介入はまた，生徒の強さを見極め，日々のそして卒業後のゴールを設定する他のカウンセリングの介入や教室での日々の教育課程の中に組み込むこともできるように構成されています。

SFBT が変化を起こす過程と治療的技術を理解する

　SFBT は社会科学や心理科学の科学的研究にしっかりとした基盤を持ち，コミュニケーションや認知科学，社会学そして心理学に由来する実証された方法を用います。本書は実践的であることを意図していますので，SFBT の理論的基礎について詳述はしませんが，そのかわりに関心のある読者の参考のために，SFBT 実践のための理論的起源と研究の基礎について述べてきた著者を紹介します（例：Bavelas, 2012; Dejong, Bavelas, & Korman, 2013; Franklin, Guz, & Bolton［印刷中］; Kim et al., 2015; Lipchik, 2002）。とはいえ，SFBT の基礎となる前提の一部は，危機にある生徒を援助するために SFBT がどのように機能するかを理解する基盤として重要です。

SFBT の理論上の前提

　SFBT は，個人の変化を関係性や文脈上のものと見なし，個人全体とその人を取り囲むすべてのシステム（例えば，家族，近隣，学校，

仕事) に焦点を合わせます。SFBT は問題を相互作用的なものと見な
しますが，これが意味するのは，問題は人々の間の社会的関係におい
て定義され解決が生じるということです。人々がコミュニケーション
をとり，協働作業をし，解決が示されたと同意したとき，学校の問題
は解決します。このような前提は，短期家族システム療法，社会構成
主義やコミュニケーション科学に基づく治療法，そして生態システム
理論による他のカウンセリング・アプローチにとって基本となるもの
です。どんな解決もすべての人やすべての問題に当てはまるとは考え
ません。実際，同じ解決が異なる問題で役立つかもしれませんし，こ
れまでにない結果をもたらすかもしれません。同時に，それぞれ解決
は非常に異なるユニークなものなのに，同じ望みどおりの結果につな
がることもあるでしょう。このため学校職員は，個々の生徒や関連シ
ステムとともに取り組み，リソース（資源）とカリキュラムを個別化・
個人化して，ゴールや学業における解決を作り出します。

　SFBT では人々の強さとリソース（資源）に焦点を合わせ，否定的
なレッテルを貼らないことが重要であると考えます。つまり，生徒の
行動を病理的に捉えないこと，そして断定的で，選択肢や問題解決の
方法を示さないような言い方を避けることです。これらはときに**選択
の自由がない会話**，つまり生徒が進歩するための選択肢や可能性を認
めないようなやり方で話すこと，といわれます。解決志向の見方では，
生徒の行動を病理化しないということは，断定的な言い方や，個人の
人となりを決めつけるようなやり方で，**多動**や**問題児**というレッテル
を貼るのを避けるということです。そのかわりに，生徒はレッテル以
上の存在であるとして検討の対象となり，多少とも制約はあるものの，
生徒が自分の生活を改善できるような行動の道筋を選択できるよう話
し合いが行われます。レッテルや否定的な表現を生徒に向けない，つ
まり生徒の前でこれらの言葉を使わないことで，教師や他の職員は，
生徒の人間性や彼らが教室にもたらすものを職員が大切にしているこ
とを生徒に伝えています。選択の自由がない会話には，「**決して**」「**い
つも**」，そして「**できない**」といった言葉が含まれます。選択の自由

がない会話の例としては，「彼女は決して自分の席に座らない」や「彼はきちんとしていることができない」のようなものがあります。選択の自由がない会話は解決よりも問題に焦点を合わせますし，生徒の行動を完全に記述し，正確に描くわけではありません。例えば，「彼女は美術の授業では 10 分間座っています」は「彼女は決して自分の席に座らない」よりもずっと正確な記述です。"決して"きちんとしないと思われる生徒について，彼は午後の授業に宿題を持ってくるのは難しいものの，朝の第 1 時限の授業ではきちんとしているという事実に注目するのは重要です。強さに焦点を合わせ，否定的なレッテルを貼らず，欠陥と考えないことは，社会構成主義やその他の強さに基づくカウンセリングの見方と関連しています。

　SFBT が使う協働作業の言語理論はコミュニケーション科学に由来しますが，その領域での科学的研究が示すのは，会話は人々の間での話し合いで方向づけられ，協同構築が行われ，その結果，**意味の協同構築**として知られる治療的過程になるということです。SFBT は会話を意図的に活用して，人々が示す意味や未来の行動を肯定的な解釈や解決の方向に転換します。このプロセスによって人は，自分自身や他の人について何か違うことが見えるようになり，自分ができることについて違う物語を構築するようになります。そしてさらには，うまくいっていることをもっとしたり，全く新しいことをしたりするようになるのです。ウィトゲンシュタイン（Ludwig Wittgenstein）の言語ゲームのような，言語の哲学的，ポスト構造主義的な見解についても，会話中の人々の間でのこの種の知覚的転換に，どのように言語と意味が働くのかということに関連して議論されてきました。例えばウィトゲンシュタインの考えによれば，言葉の意味が確立されるのは，会話における社会的交流という過程を経て創造されるルールを通してであり，参加者の間で言葉が定着している社会的文脈の外では，その言葉の定義を理解することはできないということです。この見方は相互作用の複雑なパターンを象徴しています。しかし，単純化して，解決志向オルタナティブスクールの目的に叶うように解釈するならば，生徒

との間でどのような言葉が使われているかに職員は細心の注意を払い，自分が言うことに気をつけなくてはいけません。この意味は，言語は中立ではなく，職員が尋ねる質問により，問題がどのように構築され解決されるかが最終的に決まる可能性があるということです（Franklin et al., 2017）。

　協同構築のプロセスは，対話時に人々の間で絶えず起きており，人々が自分自身や他者を，そして状況をどのように理解するかを左右する，ある種の相互に影響する力です。言葉自体の意味は，それを決めようと話し合うプロセスの中で人々の間で明確にされますが，このプロセスは，"会話を定着させること"（grounding）と呼ばれることもあり，議論されていることへの両者の認識を変える可能性があります。多分読者は，群集心理のような極端な社会的相互作用に関連づけて，このプロセスを考えたかもしれません。しかし，どんな会話でも人々はお互いから，意味や行動を揺さぶり引き出すことができます。これが意味するのは，コミュニケーション中に，人々はお互いの気づきをそれとなく教えたり，それに影響を与えたりしているということです。SFBT では，人が変化するうえで協同構築が不可欠であり，このカウンセリング・アプローチでは，危機にある生徒が自分の生活を改善する解決を見つけられるように，目的に応じた言語を使います。SFBTは協同構築のプロセスと言語を，変化のための手段として使いますが，これが意味するのは，対話中に変化は絶えず起きているということであり，カウンセラー，ソーシャルワーカーそして教師は，目的を持って対話を用い，希望を育み，能力を高めて，対象者を解決へと導くのです（de Shazer, 1994）。SFBT のセラピストは特に，**聴く，選ぶ，そして築く**という，言語の一般的な機能に根ざしたカウンセリング技術を用いて，人々が見方を変え，解決の方向へ行動を向けるように援助します。これらの技術を使い，セラピストは注意深く人々の発言を聴き，望ましい未来に導くような言葉を選んでいきます。このアプローチを用いてセラピストは，危機にある生徒自身の言葉の上に目的を持って質問を築き，望む未来がどのように見え，どうやってそれ

を実現するかを明らかにし，話し合うようにします（De Jong & Berg, 2013）。**聴き，選び，そして築く**とき，危機にある青年自身の理解と言葉は，新しい意味を協同構築するための出発点として用いられますが，これは協同構築の重要な一歩です。傾聴し，解決の構築を援助する言葉を目的を持って選ぶこのプロセスについては後で詳述します。

SFBT を実践するために オルタナティブ高校の職員が知っておくべきこと

多様な職員がいるオルタナティブ教育の中で応用する際の SFBT は，解決構築の会話と呼ばれます。これにより，カウンセラー，ソーシャルワーカー，その他のセラピストなどの領域を連想させるような治療的なものを強調しないようにします。前述のように SFBT の変化のプロセスは，人々の間の普通の会話の中で起こり，解決志向のセラピストがこうした会話をどのように意識的に組み立てて解決を構築していくかを深く理解することによって支えられています。オルタナティブ教育で解決構築の会話を実践するには，ソーシャルワークやカウンセリングの教育を受けた人たちだけでなく，すべての学校職員が SFBT の変化のプロセスに従って解決構築の会話を行うことができるようになる必要があります。学校の教師は，セラピストのような高度な臨床的専門知識は期待されてはいないものの，解決構築の会話を行うために必要な基本要素を学び，その技術を最大限応用することは誰にでもできるということが前提とされています。例えば，教師や校長は，メンタルヘルスの専門家の助けを得て，これらの技術を学ぶことができます。以下では，SFBT の変化のプロセスの重要な要素の一部について考察します。

協働的な人間関係

学校の全職員が，危機にある生徒と協働的でエンパワーする人間関係を創造するために SFBT を活用できるようになる必要があります。

人間関係はすべての治療的変化にとって重要です。フロアラーと コニー（Froerer & Connie, 2016）は，SFBT における治療的な同盟と関係がクライアントにより導かれる様子を議論しています。つまり，ソーシャルワーカー，カウンセラー，そして教師は生徒のリードにしっかりと寄り添い，積極的で意図を持ち，選択して傾聴して，解決に向かって生徒と協働作業をするということです。このプロセスは，ゆっくりとしたダンスに似ています。つまり，しばらくパートナーに従った後，今度は自分がリードをするのです。このプロセスはときには「一歩後ろから導く」ともいわれます。学校職員は SFBT を用いる際，相手の感情や見解を理解し尊重すること，そして生徒がどんなことが違ってほしいと思っているか（ゴール）を聞き逃さないようにしっかり傾聴することに焦点を合わせます。職員はまた，生徒が持っている，ないしは習得したいと思っている強さ，リソース（資源），そして能力，つまり，生徒が過去の経験からできること，そして／または，将来学んだり，試したりしてみたいと思っている新しい行動について，積極的にそして意図を持って，聞き逃さないように傾聴します。さらに，コミュニケーションは言語的・非言語的の両方があり，沈黙とボディーランゲージは多くのことを語っていることを心に留めておく必要があります。

　前述した**聴き，選び，そして築く**技術は，重要なので覚えておくべきです。学校職員はこれらの技術を用いて聞いたことを要約し，生徒から問題に対する例外，希望や能力，そしてゴールや解決を引き出すように質問します。これらの技術は，協同的関係を強め，解決を構築するための相互的なアプローチとなります。例えば，ある教師は数学の授業で単位を落としたという問題について生徒が語っているのを意図を持って傾聴した後，その生徒の話の中で強さを示していた言葉や部分を注意深く選んで，次のように言うかもしれません。

　「あなたは"数学の単位を落とした"にもかかわらず，"その授業に出席し続けた"と言っていました」

そして，その教師は生徒の発言をもとに，こう話すかもしれません。

「私が気になっているのは，悔しい思いをしても，あなたは努力し続けることができるということです。自分が合格できないときでも，あなたは授業に出席し続けました。それほど根気強くやることをどうやって学んだのですか」

　この最後の質問で会話が生徒の持つ能力のほうへ移り始め，それにより生徒の持つ能力は解決へと向けられるでしょう。コラム 1-1 に，解決構築の別の会話例が示されていますが，これはソーシャルワーカーのノウィッキによる，危機にある少女とその母親とのケースからの抜粋です。この家族の状況は，SFBT が開発される対象となった様々なケースと類似していますし，オルタナティブ教育において出会う可能性のある家族の状況の典型でもあります。実際，過去にノウィッキはガーザでの研修セッションに関わっていたことがあります。この例は，少年拘置所に入っていた 15 歳の娘が母親に連れられて若者・家族支援センターにやってきたときのものです。母親は娘と暴力沙汰になるほどの口論になり，結局警察が呼ばれました。娘は拘置所に一晩留置させられ，母親は児童保護サービス（Child Protective Services: CPS）に児童虐待として通報されました。その後，拘置所は娘を母親の元に戻し，カウンセリングのために危機カウンセリングセンターにカウンセリングを受けにいかせました。危機カウンセリングのセッションで，このケース担当のソーシャルワーカーは積極的かつ選択的に，解決構築の基礎となりうる，問題への例外を求めて傾聴しています。ソーシャルワーカーの言葉と質問が，ゴール，変化，そして解決に会話が移るように選ばれている様子に注目してください。このプロセスを通して，肯定的な感情，当該の問題への異なる見方，そして解決に会話が向かうように，意味が協同構築されている様子もまた見えてくるでしょう。

コラム 1-1　解決構築の会話：娘，母親，そして祖母

母親：「最初，学校から戻ったあの小娘の態度がひどくて，自分の部屋
　　　に行きなさいと言ったら，私に中指を立てて玄関に向かって歩
　　　き始めたんです。娘に向かっていって腕をつかんだら，大声で
　　　ここでは言えないような言葉でののしって，私を叩こうとして
　　　……。それで私が叩きまくったんです」

ソーシャルワーカー（以下，SW）：「ということは，そのときまでには
　　　二人とも喧嘩をしていたのですね」（娘に向かって）「それで，
　　　あなたの記憶でもそんな状態でしたか」

娘：　（ためらいながら，下を向いて床を見ている）「うん，そう思う」

SW：「う〜ん。じゃあ，二人ともその点では同じですね。いいですね。
　　　それからどうなったのですか」

娘：　（娘が母親のほうを見ると，母親は同意して話を続けるように促
　　　している）「え〜と，それで私は家を飛び出したんですけど，そ
　　　うしたら母が"警察を呼んでるところだ！"って怒鳴ってきた
　　　んです」（また，下を向いて床を見ている）

母親：「あんたが家を出ていく前に，私を蹴り倒そうとしたことは先生
　　　に言わなかったね」（SW に向かって）「それで私が警官に電話
　　　して，"しつけをしようとしたら，娘が逃げだした"と言ったん
　　　です。警官は車を近くに停めていたので，娘を捕まえて，連れ
　　　帰りました。私は，"娘を警察で預かってください"と言ったん
　　　です。娘を家に置いとけなかった」

SW：「わかりました。それで，こういった危機的状況は以前にもあっ
　　　たのですか。（二人とも否定した）わかりました。じゃあここで
　　　今日，どんなことをしたいですか」

　　　（娘はまた下を向き，母親が続けた）

母親：「娘に家から出ていってほしい。あんな態度をとられて，一緒に
　　　暮らすことなんてできません。私が娘に何か言おうとするとい
　　　つも中指を立ててののしり，あきれたといった顔つきで，それ

から出ていって，何でも好きなことをするんだから。もうこれ以上我慢できない！」

SW：「う～ん。お母さんが娘さんに何かを求めたとき，今話されたような態度を彼女がしなかったことは一度もありませんでしたか。あるいはその態度が，それほど気にならないように思えたことが，一度でもありませんでしたか」

母親：（すぐに反応して）「ありません。私はよい母親でいようと思い，娘にちゃんと接していますが，これがその報いです。娘が小さかったときはそんなにひどくはありませんでしたが，今では大きくなり，**なんでも知っているんですって**」（娘をにらみつけ，娘は下を向いたままでいる）

SW：「それでは，娘さんが小さかったときは別として，少しでもましなときはなかったということですね……」（娘は少しばかり上を向き，小声で私につぶやいた）

娘：「おばあちゃんの家ではののしらないわ」

SW：（好奇心を示しながら）「おばあちゃんの家ではののしらないんですね」（母親に向かって）「それは知っていましたか。気づいていましたか，娘さんがそこではちゃんとしていることを……それはあなたのお母さんのお家ですか」

母親：「ええ。私の母の家ではののしるのを見たことすらないですね。う～ん。確かにあそこでは娘はちゃんとしていますね。いつも年下の姪たちと外で遊んだり，テレビを見たりしています」

SW：「わーっ。それじゃ，どうやってあなたのお母さんの家では娘さんがちゃんと行動するようにさせたのですか。どうやって娘さんはそうしているのかな，そしておばあちゃんを尊敬するように，娘さんに何を教えたのですか」

母親：「何もしていないと思います。娘に任せています。あそこではちゃんとしたほうがよいことを娘は知っています」

SW：「では，どうやってあなたはそのことを娘さんに教えたのですか。あなたがきっと何かプラスの影響を与えたに違いないと思いま

　　すが……」

母親：「あのー，私もあそこではきちんとしていると思います。母の前
　　　では，娘にひどいことを言おうとは思わないもの」（両者とも笑
　　　い）

出典：症例資料（テキサス大学オースティン校，スティーブ・ヒックス・ソーシャ
　　　ルワークのノウィッキ非常勤教授より。許可を得て掲載）

　　聴き，選び，そして築く技術を使う解決構築の会話をすることによ
り，結果として，生徒が理解され，大事にされていると感じること
につながる，有益な人間関係が作られるでしょう（Froerer & Connie,
2016）。本書の2章では，教師や他の職員がSFBTを用いて，危機に
ある生徒と協働的でエンパワーする関係を築くことを可能にする方法
について説明します。

問題ではなく解決に焦点を合わせる

　解決は，未来に向かう社会的行為であり，周囲の人々との関係にお
いて，人がとるべき次の歩みを明確にします。解決志向の方策では，
生徒の専門知識の助けを借りて，すでにある解決を特定するのです。
これには必然的に，生徒や他の人々が今すぐにできることや，将来で
きることで，生徒が達成したいと願う，今とは違う一連の関係や成果
につながることを，目に見えるようにすることも含まれます。学校職
員や生徒は，問題を焼き直し，それを取り除く選択肢を求めてブレイ
ンストーミングを試みることに時間をかけるかわりに，解決が目に見
える様子，それに向かう歩みと詳細，そして，学校生活の中で解決が
すでに小規模ながら起こっているかもしれないその様子を描写するこ
とに焦点を合わせます。教育者は私たちに，解決構築は学校職員がす
でに用いている問題解決アプローチと全く同じではないのか，と尋ね
ます。問題解決はとても効果的なアプローチとなるかもしれませんが，

解決構築は問題解決とは異なりますし，研究報告でもこの 2 つのアプローチは変化や結果をもたらす治療方法が異なることが示されています（Jordan, Froerer, & Bavelas, 2013; Richmond, Jordan, Bischof, & Sauer, 2014）。解決構築のプロセスは学ぶ必要があり，解決構築に焦点を合わせることで問題は解決するが，哲学的，手続き的に問題解決とは異なる，と私たちは確信をもって言うことができます。問題にではなく，会話の中の解決に焦点を合わせることの重要性を学校職員が理解することは重要です。なぜなら，危機にある生徒と協働作業をするとき，問題解決ではなく解決構築を用いることに様々な利点があるからです。

解決構築のほうが問題解決よりもうまくいく理由

　オルタナティブ教育で危機にある生徒とともに取り組むとき，解決構築のほうが問題解決よりもうまくいく理由が 5 つあります。第一に，問題解決に向かうアプローチを用いるとき，大人はしばしば，生徒を教育し生徒に指示を与える専門家として行動しますが，解決構築では，生徒自身が専門家となり，自分自身の解決を構築し，自分自身の教育とその結果に責任を持つように求められます。人に何をすべきか指示することが，前向きで持続的な行動上の変化につながらない可能性があるという事実を，読者はよく知っているでしょう。食事療法や食習慣を改善するように指示されたことがある人ならば，その大変さを理解できると思います。多くの危機にある生徒が愛着と対人関係の問題を抱えており，その結果として権威的な立場にある人とうまくいかなかったり，人間関係を信頼するのが難しかったりします。解決構築のアプローチで問題に取り組むことにより，権威主義的なやり方で生徒が自分の問題への答えを見つけるように教育し命令するという専門家のスタンスを取らずに，危機にある生徒が抱える，愛着や人間関係の問題の一部を回避できるのです。生徒が指示を受け入れたり，人間関係の能力を改善したりすることは重要ではありますが，愛着の問題の解消には一生かかる可能性があり，学校の教室で短時間に解決できる

ものではないでしょう。人間関係について，問題解決アプローチでは専門家によるアプローチが用いられるのに対して，SFBT では協働作業的なアプローチが用いられます。そして，オルタナティブ教育においてSFBT のアプローチは，協働的で信頼できる関係を増やす方法を学校職員に示すことで，人間関係の道案内をする際に役に立つ可能性があります。オルタナティブ教育を受ける多くの生徒は，自分自身を頼みとしたり，さらには他の人の面倒をみたりすることにすら慣れているかもしれません。なぜなら，親が不在であったり，過度のストレス下にあったり，精神障害を抱えたりしているような家庭から，生徒は来ているからです。また，正反対のパターンも見られるかもしれません。つまり，生徒が過度に依存的だったり，親がでしゃばったり，放任だったり，高圧的だったり，心配しすぎたりするために，生徒が自分自身に責任を持つことを妨げられていたりするかもしれません。最近では学校にいる誰もが「ヘリコプターペアレント」[3]という言葉を知っていますが，例えば，そういった人のことです。

　こういったすべての理由から，学校内の大人は生徒が習得した独自のやりとりの仕方に歩調を合わせて，協働的な関係を築くことが重要なのです。例えば，多くの生徒が大人を信じていないかもしれませんし，その結果，彼らは指示に従わなかったり，親しい関係になることを避けたりするかもしれません。もちろん，大人はこのようなやりとりの仕方は好みません。なぜなら，そのような態度は反抗的で対決的であったり，受動的攻撃性の現れのように見えたりするからです。他の例では，一部の生徒は，子ども時代の様々な辛い経験や差別のために，拒絶されることに敏感だったり，大人を信じなかったりするかもしれません。大人が彼らを問題解決のほうへ向けようとすると，彼らは抵抗を示してこちらの苦心を拒否します。SFBT を用いながら，学校職員は生徒独自の関係性の持ち方や学び方に注目して，独立心や他者への感受性といった強さ，そして彼らが経験したであろう社会にお

3　訳注：ヘリコプターで見張るように過干渉な親のことを言う場合に使われる。

ける不当な行為の意味に焦点を合わせます。学校職員は，生徒独自の経験と強さをもとに，敬意と承認を示すように話します。生徒は，それに応えて，同じように敬意を示すことが求められます。生徒の経験を正当で真実であると認め，問題を指摘するかわりに，解決の構築に彼らの強さと経験を活用するのは重要なことです。SFBT を用いる学校職員はさらに，生徒の思いついた解決の自然な結果と心のこもったフィードバックを用いて，生徒が自分の解決に責任を持つように求めることもしますが，それにより信頼しあう雰囲気がいっそう高められます。

　第二に，問題解決よりも解決構築のほうがうまくいく可能性があるのは，危機にある生徒は問題を誇張するかもしれないからです。そして，これが絶望と落胆の感覚につながる可能性があります。一部の生徒は万事がひどく大変だと強調して，彼らの問題を大げさに言いさえするかもしれません。問題を話し合うとき，このことで生徒や周りの人々が皆，絶望的な気持ちになる可能性があります。生徒は，問題について語ることで後ろ向きな注目を浴びることを好むようになるかもしれません。これが解決を阻みます。SFBT は，生徒の強さや小さな前進に焦点を合わせることで，問題の誇張を回避します。

　第三に，プロブレム・トーク（問題を話すこと）は否定的な感情を引き起こし，生徒が想像的で創造的な解決を目にしたり，探そうとしたりすることを妨げるかもしれません。これに対してソリューション・トーク（解決を話すこと）は，解決への可能性を開きます。問題のパターンを繰り返す生徒が，怒りや不安といった感情で行き詰っているように見えることは，珍しいことではありません。問題について語るとき，否定的な感情が増してくることを，読者も目の当たりにすることがあるでしょう。感情面のカタルシスが有用だとするセラピストもいるかもしれませんが，SFBT ではかわりに肯定的感情や問題の新しい見方を増やすことに焦点を合わせます。それにより生徒は問題の解決方法を見つけ，解決に向かう行動を増大するような新しい活動に導かれる

かもしれません。読者は「分析することは麻痺すること」⁴という警句をおそらく聞いたことがあるでしょう。これは，絶えず問題の分析をすることを制限し，強さや解決について話すことを選ぶ SFBT のアプローチにより近いものです。問題の詳しい検討はしないと言っているのではなくて，解決を構築するためには，不平を言うことやプロブレム・トークで行き詰った状態を越えて，新しい感じ方や行動の仕方に向かって生徒が動く必要があるということなのです。

　第四に，問題を繰り返し語ることはしばしば，心配，同じことの反芻，硬い考え方，恐れ，そして不完全な問題解決策と関連します。不完全な問題解決のよくあるタイプには，回避，問題の矮小化や否認，または問題への執着や防衛を維持することが含まれます。後者はしばしば，「それは問題ではありません」と言ったり，問題がある理由を他人のせいにしたりすることで行われます。例えば，母親のせい，先生のせい，または赤ん坊の父親のせいだったりします。きっと読者も，この不完全な問題解決策のどれかを聞いたことがあるでしょう。直接的な問題解決がときには，こういった行動パターンを増やすことさえありますし，生徒がこういう否定的なパターンのいくつかで行き詰っている可能性もあります。問題に取り組む際の昔からの習慣も，やめるのが難しいものです。解決構築アプローチは，解決が起きるために必要な新しい行動パターンを調べることで，思考や行動の古いパターンを壊すことに焦点を合わせます。これにより，生徒は今までとは異なる考え方や行動をしたり，問題のあるやりとりを改善する方法を実行したりする意欲をかきたてられるのです。

　第五に，問題には簡単に解決できないものもあるので，解決構築のほうが問題解決よりも効果的な場合があります。生徒が直面する問題の多くは解決可能なものではなく，思春期の妊娠，慢性的な疾患，変えられない性格特性などのように，永続する課題として定義されて

4　訳注：考えすぎてしまい行動に移せなくなること。分析麻痺（analysis paralysis）とも言われる。

います。SFBTではこれらの問題を人生の一部としてノーマライズし（誰にでも起こりえることと認め），生徒が自分自身や自分の境遇を受け入れる援助をします。解決構築アプローチはまた，生徒の対処能力を考慮します。中には子ども時代の多くの不幸な経験や複合的な問題で圧倒されているように感じている生徒もいるかもしれません。したがって，問題解決アプローチでは，希望がなく，身動きがとれず，過去から抜け出すことができないという感情を生徒に抱かせてしまいます。SFBTは，こうした生徒を現在の状況から前進させ，未来に焦点を合わせることで援助します。問題ではなく解決に焦点を合わせることは，問題解決のやり方で徹底的に教育されてきた教育者にとっては，通常は容易なプロセスではありません。解決構築アプローチを維持することは，マインドフルネス（あるがままに心を受け入れること）と継続的な訓練を必要とします。オルタナティブ高校で解決構築の研修をし，それを継続することについては，2章と7章でより詳しく説明します。

生徒のゴールに焦点を合わせる

　解決構築の会話は，生徒のゴールを確認し，生徒がそのゴールを達成できるかもしれないという希望と前向きの期待を育みます。解決構築の全体的な見方の中で，学校職員は測定可能で観察可能な，生徒の行動に小さな変化を引き起こすゴールを探します。ゴールは自ら決めるべきものであり，頑張りや個人的責任感，そしてコミットメント（責任ある関与）を伴わなくてはなりません。小さな変化が起これば，生徒の努力を承認します。例えば，生徒にメモを渡したり，自宅の両親にメモを届けたりしてもよいですし，生徒が達成したことを職員同士で共有してもよいでしょう。職員はつねに生徒の状況に立って考え，生徒のゴールについての質問から解決構築の会話を始めることが重要です。生徒に投げかける質問の例は次のようなものです。つまり，「起こりえることで，一番望むこと（ベストホープス）は何ですか」や「具体的に何が違ってほしいと思いますか」などです。同様に重要なこと

は，解決構築の会話に生徒が問題の説明で応じても，会話の流れを通して，生徒のゴールを理解する方向へ向かうよう，職員の心構えができていることです。ここで職員に必要なのは，辛抱強く，生徒が問題ではなくゴールについて話すように，やさしく促すことです。例えば，教師は「もう一度教えてね。問題が解決したときには，今とは違ってどんなことをしているでしょうか」と言うかもしれません。一度ゴールが確立されたら，望む変化を参照する基準点としてのゴールにしばしば立ち戻ることが大事です。

協同構築のプロセスと解決志向の質問を用いる

　すでに検討したように，協同構築のプロセスは SFBT の中核にあり，話し手と聴き手が意味について一緒に検討する協働的コミュニケーションを含みます。この，努力をともにすることが作用して，意味や社会的な相互作用を変化させる情報を提供します（Bavelas et al., 2013）。SFBT セラピーマニュアルによれば，とりわけ生徒に求められるのは，望む未来図を協同構築し，過去の成功体験，強さ，そしてリソース（資源）を利用して，その未来図を毎日の生活の一部とすることです（Franklin et al., 2017）。SFBT での鍵となる変化の技術には，協同構築のプロセスを促進する質問を，目的を持って用いることが含まれます。特定の質問技法（例：ミラクルクエスチョン，スケーリング，関係性の質問）が，変化を促進するうえでどのように重要な手段であるかを研究者が示しています（例：Beyebach, 2014）。コラム 1-2 で，SFBT で用いられる質問のいくつかを例示します。教師や他の学校職員が解決志向の質問をするのが上手になることは重要です。どのような質問をすべきかは，本書の別の章でさらに詳しく説明します。

コラム 1-2　解決志向の質問を用いる

　問題に対する例外。学校職員は，問題が起こらなかったとき，効果的な対処反応，そして問題が起こらない文脈を確認します。学校職員は次のように言うことがあります。

　　「これはとても大変な問題でしょうけれども，私の経験では，人の人生はつねに同じ状況とはかぎりません。きっと，校長室に来ることになった問題が起こっていないときや，少なくとも問題がましなときがあるでしょう。そういったときのことを説明してください。何が違いますか。どうやってあなたはそうなるようにしたのですか」

　職員は「他には……？　他のときには……？」と対象の生徒に繰り返し尋ねることで，問題のパターンに対する例外をできるだけ多く集めます。ひとたびひとつの例外を生徒が見つけたなら，学校職員は「それについてもっと教えてください」といった促しを用い，生徒がいろいろな例外を詳細に説明するのを援助します。職員はまた，自分自身の肯定的な感情，口調を活用し，生徒の物語に対してとても強い注意を払って，職員がこれらの例外に非常に興味を持っていることを生徒に伝えます。うなずく，微笑む，前にのりだす，そして驚いた表情を示す，といった非言語的な身振りも使われます。職員はまた，生徒への社会的強化として，「それはすばらしい」「驚きました」や「ワーァ，すごい」などと言うこともあります。これにより，生徒は励まされ，例外の物語をより詳細に話してくれるようになります。

　スケーリングクエスチョン。スケーリングクエスチョンは問題を評価し，解決に向けた進歩の程度を測ります。校長などの学校職員が次のように言います。

　　「1から10のスケールで，1が教室で毎日トラブルに巻き込ま

れていたり，居眠りしていたりしているとし，10 が居眠りせずに
自分の勉強をしていて，先生から褒められているとしたら，この
スケールで今あなたはどこにいるでしょうか」

　子どもや青年の場合には，スケールの両端の点をそれぞれ笑顔や
悲しい顔などの図柄を使って示すこともあります。ガーザの教師が
使っているものを例として示します。ファン先生は，彼の教室でしば
らくスケーリングクエスチョンを使っていました。数学の教師である
先生は，生徒に調子を聞いて，やる気を測るのが好きでした。彼にとっ
てスケーリングクエスチョンはそのための手っ取り早い方法でした。
生徒はスケールを描いた A4 用紙の 4 分の 1 サイズの紙片を提出する
だけでよかったのです。

毎週の確認作業（Check-In）

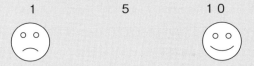

　ファン先生はこのスケールをやる気の確認のためだけでなく，生
徒が彼の助けを必要としていることに気づくための手立てとしても
使いました。例えば，いつもスケールで笑顔に印を付けていた生徒が
突然 5 にしたら，ファン先生はその生徒が彼に相談を求めているこ
とに気づくことができます。
　ファン先生は長年の教育経験の中で，スケーリングクエスチョン
の使い方を発展させていきました。最初の頃は，彼は数字（1 ～ 10）
を使い，毎週月曜日にスケールを配布しました。しかし，年を経るに
つれて，彼はスケールを簡略化して，より少ない数にすることに決め
ました。しかめ面と笑顔を載せることが，彼が生徒から知りたいと思
うことを尋ねる，より明確な方法であることを見つけました。さらに
彼は，週の始めに記録を求めるのは，金曜日に記録を求めるよりも，

生徒のやる気を引き出す効果が弱いことに気づきました。例えば，も
し彼が5日間の学習後である週の終わりではなく，月曜日にこの情
報を得た場合，その週のゴールに向かって取り組み始める前に，週の
最初に生徒がどう感じているかを評価していたことになります。週の
終わりに尋ねることの利点は，生徒がその週の取り組みにどのくらい
満足しているかがファン先生にわかることです。この知識のおかげ
で，生徒が未来のゴールを決める援助をする方法を彼は理解したので
した。

　SFBTでのスケーリング技術活用法には，他にも次のようなものが
含まれます。①問題の解決に関して，生徒がスケール上のどこにい
るかを質問します。②スケーリングの経験を，問題に対する例外を
見つけるのに活用します。例えば，「どうやって3まで来たのですか」
とか「何をしていることで，1ではないのですか」と尋ねます。そ
して，③「奇跡」を構築したり，解決の行動を確認したりするのに
スケーリングを用います。例えば，カウンセラーなどの学校職員が，
クライエントである生徒がスケール（1が"低"を表し，10が"高"
を表す）上のどこにいるかについて尋ねます。カウンセラーはそれか
らさらに，生徒がどうすれば1から3になるかを尋ねます。または，
カウンセラーが，どうやって生徒がなんとか4の評価から5の評価
に進んだのかを尋ねます。例えば，「どうやってそうなるようにした
のですか。どんな新しい行動を取り入れたり，何があなたの生活で
違っていたりしたために，その変化が起こったのですか」と尋ねます。
解決志向の実践家はまた，生徒の対処行動をコンプリメント（称賛）
する方法として，または，問題がどうしようもないという生徒の見方
を変えるための言語を使う方法として，スケール上で問題が悪化して
いないことに驚きを表明することもあります。

　コーピングクエスチョンと動機づけの質問。これはスケーリング
クエスチョンを変化させたもので，自分がどれだけ問題にうまく対処
できているかという生徒の認識とともに，問題解決に対する生徒のや
る気について，学校職員が評価する助けになります。ソーシャルワー

カーなどの学校職員は，次のように言うかもしれません。

　　「1から10のスケールで，10が"この問題を解決するためにどんなことでもするつもり"だとして，1が"問題解決をあまり気にしていない"だとしたら，たった今，あなたはどのあたりにいると思いますか」

　または，ソーシャルワーカーは次のように言うかもしれません。

　　「1から10のスケールで，1が"今にもタオルを投げ入れ，学校でうまくやることを諦めようとしている"だとして，10が"努力を続けていく心構えができている"だとしたら，たった今，あなたは自分がどのあたりだと評価しますか」

　コーピングクエスチョンと動機づけの質問をした後は，ソーシャルワーカーは次のような判断ができるはずです。

a. 定義された問題が，生徒にとって手に余るものかどうか。もし問題が生徒の手に余るものならば，生徒のために，問題をより小さな段階に分割して定義し直す必要があります。

b. 問題の解消に向けて生徒がどの程度の自己効力感と希望を持っているか。生徒が問題解決は不可能だと思い込んでいるならば，この信念を変えるために，複数の段階を経なくてはなりません。ここでは，例外の質問がエンパワーにつながる可能性があります。

c. 問題に取り組むのに，コミットメント（責任ある関与）をする意思の程度はどのくらいか。生徒が，問題に対して責任をもって取り組むことに関心がないなら，そのときには，ある程度のコミットメントを得るために，問題を定義し直さなくてはいけません。

d. 定義された問題が，本当に生徒の関心を引くものかどうか，そして，生徒にとっての優先事項かどうか。

ミラクルクエスチョン。教師は，例えば，次のように言うでしょう。

「夜の間に奇跡が起こって，あなたの問題が消えてなくなったと想像してみてください。ただし，あなたは眠っていたので，それを知りません。翌日，目覚めたとき，最初にあなたがこれまでと違っていると気づくことは何でしょうか」

　教師はさらに進んで，物事がどんなふうに違っている可能性があるかを，生徒が想像する援助をします。極めて多くの詳細な内容が引き出されることにより，具体的かつ行動の形で特定された一連の解決の行動が考え出されます。ミラクルクエスチョンの助けを借りて学校職員や生徒は，問題のない生活がどうなっているかについての生徒の見解の詳細な記述を評価します。またその質問の助けを借りて，学校職員は生徒と，解決になりそうな具体的な一連の行動，思考そして感情を協同構築します。最終的に，学校職員は，生徒がゴールを見つけ，どんな変化が最も重要であるのかに関連して，生徒にとって何が最も重要であるかを評価できるようにします。

　関係性の質問。関係性の質問は，生徒に自身の問題と解決について他者の視点から考えることを求めるものです。「奇跡が起こったとき，あなたの先生は今とは違うどんなことをするだろうか。あなたが，今までしていたことのかわりにそれをしたとしたら，お母さんはどうするだろうか。あなたが宿題を提出したとしたら，先生は何と言うだろうか」——この質問が，生徒が他者との関係において自分自身を検討する助けとなります。例えば，ソーシャルワーカーは，自分には問題がないと言っている気乗りのしない生徒に対して，「もし自分があなたの先生に尋ねたとしたら，先生は何と言うでしょうか」と尋ねるかもしれません。解決を構築する際，関係性の質問は2つの意味で重要となります。

a. 関係性の質問は，会話に社会的視点取得（social perspective-taking）を取り入れて，生徒に，他者は何について不満を言い，ど

んな発言をするかという視点から問題について考えることを求め
ます。

b. 関係性の質問は，直接，生徒に変わるように求めることなく，他
者が自分に何をしてほしいと思っているかを考え，さらに相互作
用の結果を考慮するよう導きます。多くの場合，より協働的な態
度が生まれます。

継続的にコーチし，応援し，生徒の強さと能力を基に構築する

　解決構築の会話は，生徒のエンパワーメント，強さ，リソース（資源），
自信を育む方法と成功に向けた歩み，さらには学業と人生における成
果がすべてです。解決構築の会話は，プロブレム・トーク（問題を語
ること）の中にある解決を探すことを意味します。重要なことは，教
師が傾聴し，小さな成果や生徒が起こした変化に波長を合わせて，コ
ンプリメントを用いてそれらを指摘することです。コンプリメントは
行動を褒めたり，生徒が何か良いことをしている場面をただ捉えたり
するのとは違います（これらの方法が有効な場合もあり，生徒をコン
プリメントする際にあわせて行ってもよいでしょう）。SFBT ではコ
ンプリメントにより，生徒が自分自身の次のような肯定的な特性に気
づき，自認することを援助します。例えば，ゴールの設定ができるこ
と，自分自身の頑張りや努力そしてやる気を認識すること，助けを求
めることができること等です。SFBT でコンプリメントが意図された
ように機能するためには，自分についての発言内容が真実であること
を，生徒が認めなくてはなりません。学校職員が生徒に望むのは，自
分の強さについての発言内容を振り返り，自分についてのコンプリメ
ントを自分自身に，そして他者にし始めることです。本書の4章と6
章で，解決構築の会話を用いて，危機にある生徒の能力を高める方法
の具体的な例を提供します。

やる気がないと考えてあなたや生徒を立ち止まらせることがないようにしよう

　解決構築に必要なことは，動機づけは状況に応じて変化し，生徒の現在の状況から始め，そこから小さな歩みで前進していくのだと理解することです。SFBT を実践する学校職員が信じているのは，生徒はそれぞれが何かを望んでおり，適切な環境の下では，その望む結果を達成したいと動機づけられる可能性があるということです。ときに教師や他の学校職員が，動機づけは状況に応じて変化する可能性があることを忘れることがあります。このことが目立つのは，生徒について「問題が多すぎて卒業できない」とか「絶望的なケースで時間の無駄だ」とか「変化する準備ができていない」などと私たちが言うときです。たとえ，私たちの誰もが，ときには生徒の動機づけが不十分だと感じることはあるとしても，SFBT は私たちに，何が生徒を実際に動機づけるかについて考えるように求めます。私たちが生徒の現在の状況を出発点にするなら，動機づけがないというようなことはなく，ただ異なる状況があるだけなのだとわかり始めてくるでしょう。

オルタナティブ教育における「解決志向の視点」

　解決志向オルタナティブ高校に入学するとき生徒が携えてくるものはこれまでの成績証明書と，これから卒業証書を取得するためにすべきことのリストにとどまりません。彼らは，知識，価値観，関心，挑戦事項，そしてゴールを携えて入学します。解決志向オルタナティブ高校はただ大学への入学許可や有給の職業が得られる援助をするだけではありません。この高校では，生徒が人生やそれに伴うどんなものにでも取り組む準備をさせることを目指します。では，どうやって解決志向の変化のプロセスと実践をオルタナティブ高校のプログラムに組み込むのでしょうか。それこそが肝心な点なのです。管理者,教師,そして他の職員が解決志向オルタナティブ高校を創設するために取り入れるとよい 8 つの原理原則があります。

1. 個々の人間関係および関係の構築がつねに優先されるべきである。

2. 教員および職員は，生徒の欠点に焦点を合わせるのではなく，生徒の強さやリソース（資源）を築くことを重要視すべきである。

3. 教員および職員は，生徒の選択や個人的な責任を重要視すべきである。

4. 生徒は，目標達成に向けた全般的なコミットメント（責任ある関与）と頑張りを身をもって示すべきである。

5. 教員および職員は，生徒による評価を信頼し，生徒の考えを尊重すべきである。

6. 教員および職員は，過去の困難な出来事ではなく，生徒の現在そして将来の成功に焦点を合わせるべきである。

7. 教員および職員は，成功に向かう生徒の小さな歩みを祝福すべきである。

8. 教員および職員は，生徒のゴール設定の活動と目前の進歩を信頼すべきである。

　これらの８つの原理原則が，解決志向オルタナティブ高校のプログラムやそのカリキュラムと教育を導く哲学として役立ちます。原理原則は互いにバラバラに実践されるべきではなく，学校内の全員が一緒になって実践することで最も効果的になります。これが意味するのは，教職員の活動が，単に原理原則に対して気持ちの上で同意すればよいというものではなく，教職員同士や教職員と生徒との相互作用において，原理原則をひとつずつ実践することに，正真正銘，心からのコミットメント（責任ある関与）を示すものでなくてはならないということです。

　解決志向の原理原則は簡単なように聞こえますが，それぞれに従っていくにはコミットメント（責任ある関与）と実践を必要とします。これらの原理原則を完璧に実践することができる人はいませんが，継

続して努力すれば報われます。生徒の強さと人間関係を例にとってみましょう。生徒の持つ強さを生かしてともに取り組むという考えに対して口先だけで良いことを言う（リップサービスをする）のは簡単ですし，たいていの教師，カウンセラー，ソーシャルワーカーは心の底からこの考えに同意するでしょう。問題は，学校内の多様な生徒とともに取り組みながら，強さに焦点を当てた見方を実践する方法です。ある生徒を能力不足と判断して，矯正不可能で指導不可能と決めつけてしまうのは自然なことです。教師は，生徒と個別の関係を持つことの重要性はわかっているかもしれません。しかし，生徒が精神障害の診断以外にも多くの問題を抱えているように見えるときに，教師が生徒の強さと関係性に取り組むのは，ずっと大変なことです。

　強迫性障害の診断を受けて解決志向のオルタナティブ高校であるガーザにやってきた，ジョナサンのケースを例に示します。ジョナサンは儀式的行為（ある行為を病的に繰り返すこと）とブツブツ独り言を言うのに多くの時間を費やしました。以前の学校では，教員や生徒と話そうとはしませんでした。彼は16歳で，身長は6フィート（約183cm）以上でした。教師から話しかけられたとき，彼は下を向いて床を見がちでした。彼は物思いにふけり，表情は不安げでしたが，ときには怒りと誤解されることもありました。しばしば彼はぼんやりと空を見つめていました。こちらを見なさいと言うと，彼はますます引きこもりました。彼が視線を合わせないことや同じ行動を繰り返すことで，教師の中には，彼が何をするかわからないと恐怖心をいだく者もいました。その結果，以前の学校では，彼はほとんどの時間，一人きりで座ったり，教室の一番奥に一人ぼっちでたたずんでいたりしました。オルタナティブスクールに入学するとすぐに彼は皆から一人離れて，コンピュータに向かって課題に取り組みたがり，放っておかれることを好みました。

　ジョナサンの場合，彼の強さよりも欠点について考えるのは簡単なことでしたし，多少とも希望を失い，力不足と感じること――さらにはこの生徒と関係を築くことができるかと自分を疑うこと――も容易

なことでした。このような絶望感は，教師や他の職員同士で，そしてその生徒に対してさえも転移[5]しやすいものです。関係するすべての人々の強さとリソース（資源）に焦点を合わせ，この生徒と関係を築くには，感情面と個人的な面で自分を律することが必要でした。

　強さと人間関係の構築に焦点を合わせるという原理原則に従って，ガーザの教師たちは，どんなことが機能して，ジョナサンとの関係を作り上げ（engage），彼を学校にもっと関わらせるのに役立つ可能性があるかを自問しました。彼らは，ジョナサンとの様々なやりとりを観察し，試してみて，うまくいきそうなことを探すことから始めました。最初はどれもうまくいきそうにないように思われました。しかしそのとき一人の教師が，ジョナサンはコンピュータでゲームをするのが好きで，彼がそうしているときは微笑んでいて，視線を合わせることができるのに気づきました。その教師はまた，コンピュータに加えて，ジョナサンが映画にも興味があることを発見しました。学校には映画製作をテーマにしたコミュニケーションの授業があり，教師が撮影法（camerawork）についてジョナサンと話したところ，彼は積極的に関わるようになりました。わずか数週間後には，彼は学校行事のためのカメラ撮影を担当していました。まもなく，彼は教師や仲間と積極的に関わるようになりました。ジョナサンの診断名は変わりませんでした。しかし，教師が粘り強く取り組んで彼との関係を築いたことに加えて，彼の強さを活用し，学校のリソース（資源）も用いたことで，彼はより外向的になり，学校のコミュニティに関わることができるようになりました。

　個人的な選択，生徒のゴール，責任，そして頑張りというレンズを通して，他の例を見てみましょう。これらの解決志向の原理原則が，どのようにしてオルタナティブ高校の生徒に伝達されるのでしょうか。17歳のヒスパニック系の生徒で，肩まで届く髪と左腕に蛇の入れ墨をしていたジョーがよい例です。ジョーは多くの行動上の問題を

---

[5]　訳注：自分の感情を相手の中に見ること。

抱えてガーザにやってきました。彼はつねに問題を抱え，学校をずる休みしては友だちとマリファナを吸っていました。欠席が続いたため，以前通っていた公立校を中途退学することになり，父親と争いが絶えませんでしたが，父親は，彼にしっかりしてほしいと思い，学校を卒業するように絶えず圧力をかけ続けました。ジョーは，最初は父親に卒業すると約束し，解決志向オルタナティブスクールで新しいスタートを切ることに同意しました。しかし，大して時間も経たないうちに再び彼は学校を休み始めるようになり，欠席が増えていきました。この時点で，彼はソーシャルワーカーと校長に会い，ジョーがしたいこと（彼のゴール）と選択肢を話し合いました。この話し合いは，解決志向の原理原則に基づいていましたが，その中でソーシャルワーカーと校長はジョーに自分自身の行動に責任を持たせ，変化を引き起こすのに必要と思われる頑張りを強調しました。ここに示すのは，校長とソーシャルワーカーとの面談をもとに，会話をわかりやすく再構成したものです。

校長： 「ジョー，ダングルス先生（カウンセラー）が，なぜ私たちが話し合うのかを伝えてくれたかと思います。あなたの出席率は，あなたがここで前進していくのを妨げています。あなたは難しい選択を迫られているようですね」

ジョー：「父と僕はうまくいっていませんが，父との喧嘩を続けたくはないのです。僕の家族にはたくさんの問題があり，家族は僕を非難します。そして，もし僕が学校をやめると，すべてがもっとひどくなってしまうでしょう」

校長： 「お父さんやご家族以外に，学校に留まりたいと思う理由は何ですか」

ジョー：「大学に行って建築士になりたいので，卒業したいのです。父は建設会社の管理職で，僕は建築関係で働きたいと思っています」

ソーシャルワーカー（以下，SW）：「あなたにとって卒業するのは重要

なのですね。では，それがあなたのしたいことですか」

ジョー：「はい，卒業したいです」

SW：　「では，それは単にお父さんの（期待している）ゴールではないのですね。それはあなたが望んでいることですね」

ジョー：「はい，うるさく言うのはやめてほしいですが，私もそうしたいんです」

SW：　「では，確認させてください。あなたは卒業したいのですね。だとすると，学校に来ないでいると，卒業というゴールを達成できなくなりますよね」

ジョー：「そうでしょうね」

校長：　「入学したとき，学校を卒業するチャンスをもう一回もらえてうれしい，と私に言いました。そうですよね」

ジョー：「はい」

校長：　「では，学校に来ないというあなたの決断を私が理解できるように教えてください」

ジョー：「はい，僕は中退したので，ここにいることはもう一度チャンスをもらったことになると思います。でも，ここでの勉強は大変ですし，友だちと他のことをしたい日もあります。自分には休憩が必要だ，といった感じです。自動車をいじるのも好きです。とにかく，他の日には戻ってきて，勉強をします。この学校のことを聞いて，自分なりのペースで勉強できると聞いたので，ここに来ました」

校長：　「なるほど。では，日によっては学校に来るのではなく友だちと過ごしたいのですね。もちろん，学校に来ることは努力を必要としますし，邪魔に思えることもあるでしょう。ジョー，あなたがここに留まるにしても，辞めるにしても，本当にそれはあなた次第です。なぜなら，あなたの出席率は，もうあなたが決断しなければいけない時点にまで来ているからです。ここで頑張りたいと思いますか，それとも，日によっては他のことをするほうがもっと大切ですか」

ジョー：「うん，ここにいたいと思う」
校長：　「本当に？　もう少し考えてみてもいいかもしれませんね」

　ジョーと対峙した多くの教育者は，彼の状況に対し異なった対応を
してきたかもしれません。彼らは，ジョーを説得してもっと好ましい
ことをするように試みたり，彼を追い出したり，テコ入れに父親を呼
んだりしたかもしれません。彼らは猶予期間を与えたり，監視システ
ム下に置いたり，彼を元の軌道に戻すためにはどんなことでもしたか
もしれません。そうするかわりに，解決志向高校の校長とソーシャル
ワーカーは，ジョーに自己決断の責任を持たせるようにしました。彼
らはジョーが述べたゴールに取り組み，彼が直面し責任を取らなくて
はいけない選択肢とその結末を設定しました。彼らは，ジョーの行
動がどんなふうに彼のゴールの妨げとなっているかを指摘しました。
ジョーはその話し合いを終えて，最初は改善しましたが，悪戦苦闘し
続けました。結局，数日間，学校に戻りませんでした。この時点で，
彼を担当する教師の一人が電話をかけてきて，彼が学校を辞めること
に決めたかもしれないと言ってきました。ジョーはどちらともはっき
りしませんでしたが，すぐに学校に戻ってもきませんでした。1カ月
後に戻ってくると，態度が変わっていました。彼は，校長とソーシャ
ルワーカーに謝罪をして，どうかもう一度入学させてもらえないかと
尋ねました。彼は，大事なことを学んだと言いました。少し話し合
い，出席率について同意した後，ジョーは学校に戻り，出席率は改善
し，そして卒業しました。研究目的の面接で，彼は学校が再び自分を
受け入れてくれたことをどれほど幸運なことと感じたか，そして学校
を辞めるという本当にまずい選択をしてしまったことについて語りま
した。彼は一生懸命に勉強すると決心していたし，二度目のチャンス
をもらえてとてもうれしかったので，建築士と建設業者になるために
大学に行くというゴールを追うことができたと言っていました。
　そのほかに教育者が実践している解決志向の原理原則として，生徒
による評価を信頼すること，過去ではなくて未来に焦点を合わせるこ

と，そして，前向きの小さな歩みを祝福することの3つがあります。生徒による評価を信頼するということは，教育者がいつも生徒の口から出てくるすべての言葉を信じることを意味するのではなく（それはお人好しすぎるでしょう），生徒の意見が解決構築において考慮されるということです。また，未来に焦点を合わせるということは，生徒が過去に直面した問題や現在扱っている問題に教育者が関心を示さない，という意味ではありません。なぜなら，それぞれの生徒をよく知ることは重要だからです（例：問題のパターン，診断名や生活歴）。しかし，絶えず問題を探求することが，教育者や生徒が解決を構築する最善の方法であるとはみなしません。ガーザに入学したある生徒は，解決志向の原理原則を教師が実践したことが，どのようにして大きな違いを生み，生徒に影響して教育が前進したのかを説明しました。

　　「私は少年刑務所に入っていました。ここの先生たちは皆，私のために来てくれました。私の勉強を準備してくれていたのです。先生の中の一人はわざわざ少年院まで車を運転してきて，私に宿題を渡してくれました。どんな学校が生徒のためにこんなことをしてくれるでしょうか。たいていの学校では，ただこっちを見て，"明らかに，あなたは教訓を学んでこなかったようですね。あなたのような生徒は，私たちのところでは必要としません"と言うだけです。しかし，ここでは先生たちは，"私たちにはまだこの子の良いところが見えます。彼はいろいろ悪いことをしてきたかもしれませんが，私たちも皆そうでしょう"と言います。そして，私が戻ってきたときには，先生たちが皆，ハグしてくれました」

　この例のように，教師や他の職員は，生徒の教育上の進歩と，彼が当面の状況に対し個人的な責任を表明したという事実に焦点を合わせます。問題を抱えているにもかかわらず，教育を修了することにまだ関心を示している，という生徒の（自己）評価を信頼しました。少年刑務所にいたときにも生徒がいくらか勉強をしたとして，小さな歩み

に敬意を表しました。教師たちはまた，彼の過去や現在の司法上の問題についていろいろ考えるよりも，将来の成功に焦点を合わせることにしました。このことに強い印象を受けた生徒は，教師の対応の仕方が典型的なものとは異なることを実感しました。このケースでは，生徒は法律上の問題による結果に取り組み続けなくてはいけませんでしたが，それでも彼はまた学校に戻り，進歩し続けました。

解決志向の原理原則の実践例

　下記は，ガーザのある教師が別の教師と話しているときに，解決志向の原理原則を活用した様子を示した実例です。

数学教師：「昨日，ジョンと会って彼のゴールについて話しました。彼は来春に卒業したいのですが，そのためには期日どおりに宿題を提出しなくてはならないでしょう」

英語教師：「先生の授業の宿題を提出するのに難儀しているとは気づきませんでした。今学期，午前の第1時限の私の授業では，彼は提出物を確実に提出してきました」

数学教師：「それは興味深いですね。じゃあ，彼は第1時限の授業の準備はしているけれど，午後の授業の準備については苦労しているんですね。第1時限の準備をするために，彼は何をしているのかしら」

英語教師：「そうですね。ジョンはここに入学してから，良くなってきたようです。今では，一日の最初の授業の準備をしているのですね。自分にとってうまくいく解決を彼は見つけたようですね。今日，彼にメモを書いて，私がこの変化に気づいていることを知らせましょう」

数学教師：「それは素晴らしいですね。私も多分，もう一度彼と会ってその解決について話すことができそうです」

　この例では，二人の教師が，生徒が授業の準備に苦労していることについて話しました。二人は生徒について不満を言ったり，彼の問題に焦点を合わせたりするのではなく，解決を目指しました。決して準備をしてこない，注意を欠いた問題の生徒とレッテルを貼るのではなく，一日の後半ではまだ困難な課題があることを認めながらも，午前の授業ではうまくやっていることを承認しました。二人の教師は，生徒についての会話の中で強さに基づく態度を維持しました。

覚えておくべきキーポイント

- ■　SFBT は 30 年間以上研究されてきており，学校での危機にある生徒や青年に対する有望で効果的な介入方法です。すべての学校職員が SFBT の訓練を受けることで，これらの生徒とうまくともに取り組むことができます。

- ■　SFBT は強さに方向づけられ，将来に焦点を合わせ，問題のパターンではなくゴールと未来の解決を重要視します。SFBT では質問が最も重要な変化の技法です。

- ■　SFBT はコミュニケーション科学に由来する協働的な言語理論を活用しますが，その科学的研究が示してきたのは，会話は人々の間の話し合いで方向づけられ協同構築されるということです。協同構築のプロセスが，SFBT の変化プロセスの核心です。

- ■　SFBT は，学校職員が生徒と協働作業的でエンパワーする関係を構築するのを援助します。

- ■　解決構築は，変化に対する問題解決アプローチとは異なります。危機にある生徒と問題解決をするかわりに解決構築を活用することには，いくつもの利点があります。

- ■　オルタナティブ高校の学校職員が SFBT の変化の原理原則と技術を実践するとき，彼らは，危機にある生徒を援助するチームと学校の文化を創造することができます。

まとめ

　SFBT はミルウォーキーのメンタルヘルス診療クリニックである
ブリーフ・ファミリー・セラピー・センター（Brief Family Therapy
Center）で働いていたメンタルヘルスの専門家による学際的なチーム
により，1980 年代に始められ，1990 年代に学校プログラムに取り入
れられました。これは，危機にある生徒とともにうまく取り組むチー
ムとして，すべての学校職員が訓練を受けることができるアプローチ
であり，そのためオルタナティブ教育に特に適したアプローチとなっ
ています。本章では，学校職員が学ぶべき質問の種類を含め，SFBT
の変化のプロセスと技法を説明し例証しました。中でもこの章で詳し
く説明したのは，オルタナティブ高校で誰もが使える一連の解決志向
の原理原則を順守することで，SFBT に組み込まれている変化の技法
がどのようにオルタナティブ高校のプログラムに変換されうるのか
という点です。全学校職員が SFBT を実践するとき，彼らは，危機に
ある生徒を援助するチームと学校の文化を創造することができるので
す。本章はオルタナティブ教育での SFBT 活用に関する最初の章とし
ての役割を担っていますが，本章で紹介された話題については，引き
続き他の章で検討し説明します。

参考文献

Barnes, T., Smith, S., & Miller, M. (2014). School-based cognitive-behavioral interventions in the treatment of aggression in the United States: A meta-analysis. *Aggression and Violent Behavior*, 19(4), 311–321.

Bavelas, J. B. (2012). Connecting the lab to the therapy room: Microanalysis, co-construction, and solution-focused brief therapy. In C. Franklin, T. Trepper, W. Gingerich, & E. McCollum (Eds.), *Solution-focused brief therapy: A handbook of evidence-based practice* (pp. 144–162). New York, NY: Oxford University Press.

Bavelas, J., De Jong, P., Franklin, C., Froerer, A., Gingerick, W., & Kim, J. (2013). *Solution-focused therapy treatment manual for working with individuals* (2nd ed.). Santa Fe, NM: Solution Focused Brief Therapy Association.

Berg, I. K., & Shilts, L. (2005). *Classroom solutions: WOWW approach.* Milwaukee, WI:

Brief Family Therapy Center.

Beyebach, M. (2014). Change factors in solution-focused brief therapy: A review of the Salamanca studies. *Journal of Systemic Therapies*, 33(1), 62–77. doi:10.1521/jsyt.2014.33.1.62

Bond, C., Woods, K., Humphrey, N., Symes, W., & Green, L. (2013). The effectiveness of solution focused brief therapy with children and families: A systematic and critical evaluation of the literature from 1990–2010. *Journal of Child Psychology and Psychiatry*, 54, 707–723. doi:10.1111/jcpp.12058

Bornsheuer, J. N., Polonyi, M. A., Andrews, M., Fore, B., & Onwuegbuzie, A. J. (2011). The relationship between ninth-grade retention and on-time graduation in a southeast Texas high school. *Journal of At-Risk Issues*, 16(2), 9–16. doi:20111092657

Breslau, J., Miller, E., Joanie Chung, W. J., & Schweitzer, J. B. (2011). Childhood and adolescent onset psychiatric disorders, substance use, and failure to graduate high school on time. *Journal of Psychiatric Research*, 45(3), 295–301. doi:10.1016/j.jpsychires.2010.06.014

Daki, J., & Savage, R. S. (2010). Solution-focused brief therapy: Impacts on academic and emotional difficulties. *The Journal of Educational Research*, 103(5), 309–326. doi:10.1080/00220670903383127

De Jong, P., & Berg, I. K. (2013). *Interviewing for solutions* (4th ed.). Pacific Grove, CA: Brooks.

De Jong, P. D., Bavelas, J. B., & Korman, H. (2013). An introduction to using microanalysis to observe co-construction in Psychotherapy. *Journal of Systemic Therapies*, 32(3), 17–30.

de Shazer, S. (1985). *Keys to solutions in brief therapy*. New York, NY: W. W. Norton.

de Shazer, S. (1994). *Words were originally magic*. New York, NY: W. W. Norton.

de Shazer, S., Berg, I., Lipchik, E., Nunnally, E., Molnar, A., Gingerich, W., & Weiner-Davis, M. (1986). Brief therapy: Focused solution development. *Family Process*, 25(2), 207–221. doi:10.1111/j.1545-5300.1986.00207.x

Escobar-Chaves, S. L., Tortolero, S. R., Markham, C., Kelder, S. H., & Kapadia, A. (2002). Violent behavior among urban youth attending alternative schools. *Journal of School Health*, 72(9), 357–362. doi:10.1111/j.1746-1561.2002.tb03559.x

Fitch, T., Marshall, J., & McCarthy, W. (2012). The effect of solution-focused groups on self-regulated learning. *Journal of College Student Development*, 53(4), 586–595. doi:10.1353/csd.2012.0049

Foley, R. M., & Pang, L. S. (2006). Alternative education programs: Program and student characteristics. *The High School Journal*, 89(3), 10–21. doi: 10.1353/hsj.2006.0003

Franklin, C., & Guz, S. (2017). Tier 1 approach: Schools adopting SFBT model. In J. S. Kim, M. S. Kelly, & C. Franklin (Eds.), *Solution-focused brief therapy in schools: A 360-degree view of research and practice principles* (2nd ed.). New York, NY: Oxford University Press.

Franklin, C., Biever, J., Moore, K., Clemons, D., & Scamardo, M. (2001). The effectiveness of solution-focused therapy with children in a school setting. *Research on Social Work Practice*, 11(4), 411–434. doi:10.1177/104973150101100401

Franklin, C., Bolton, K., & Guz, S. (in press). Solution-focused brief family therapy. In B. Fiese (Ed.), *APA handbook of contemporary family psychology*. Washington, DC: American Psychological Association Press.

Franklin, C., Kim, J. S., Beretvas, T. S., Zhang, A., Guz, S., Park, S., ... Maynard, B. R. (2017). The effectiveness of psychosocial interventions delivered by teachers in schools: A systematic review and meta-analysis. *Clinical Child and Family Psychology Review*, 20(3), 333. doi:10.1007/s10567-017-0235-4

Franklin, C., Kim, J. S., & Tripodi, S. J. (2009). A meta-analysis of published school social work intervention studies: 1980–2007. *Research on Social Work Practice*, 19(6), 667–677. doi:10.1177/1049731508330224

Franklin, C., Moore, K., & Hopson, L. (2008). Effectiveness of solution-focused brief therapy in a school setting. *Children & Schools*, 30, 15–26. doi:10.1093/cs/30.1.15

Franklin, C., Streeter, C. L., Kim, J. S., & Tripodi, S. J. (2007). The effectiveness of a solution-focused, public alternative school for dropout prevention and retrieval. *Children & Schools*, 29(3), 133–144. doi: 10.1093/cs/29.3.133

Franklin, C., Trepper, T., Gingerich, W. J., & McCollum, E. (2012). *Solution-focused brief therapy: A handbook of evidence-based practice*. New York, NY: Oxford University Press.

Froerer, A. S., & Connie, E. E. (2016). Solution-building, the foundation of solution focused brief therapy: A qualitative Delphi study. *Journal of Family Psychotherapy*, 27(1), 20–34. doi:10.1080/08975353.2016.1136545

Fong, R., & Urban, B. (2013). *Solution-focused approach with Asian immigrant clients. Solution-Focused Brief Therapy: A Multicultural Approach*, 122–132. doi:10.4135/9781483352930.n8

Grunbaum, J. A., Lowry, R., Kann, L., & Pateman, B. (2000). Prevalence of health risk behaviors among Asian American/Pacific Islander high school students. *Journal of Adolescent Health*, 27(5), 322–330. doi:10.1016/S1054-139X(00)00093-8

Hsu, W. S., & Wang, C. D. (2011). Integrating Asian clients' filial piety beliefs into solution-focused brief therapy. *International Journal for the Advancement of Counselling*, 33(4), 322–334. doi:10.1007/s10447-011-9133-5

Jordan, C., Lehmann, P., Bolton, K. W., Huynh, L., Chigbu, K., Schoech, R., ... Bezner, D. (2013). Youthful offender diversion project: YODA. *Best Practices in Mental Health*, 9(1), 20–30. doi:87572266

Jordan, S. S., Froerer, A. S., & Bavelas, J. B. (2013). Microanalysis of positive and negative content in solution-focused brief therapy and cognitive behavioral therapy expert sessions. *Journal of Systemic Therapies*, 32(3), 46–59.

Kelly, M. S., & Bluestone-Miller, R. (2009). Working on What Works (WOWW): Coaching teachers to do more of what's working. Children & Schools, 31(1), 35. doi: 1532-8759/09 Kelly, M. S., Kim, J. S., & Franklin, C. (2008). *Solution-focused brief therapy in schools: A 360-degree view of the research and practice principles*. New York, NY: Oxford University Press.

Kim, J. S. (Ed.). (2013). *Solution-focused brief therapy: A multicultural approach*. Thousand Oaks, CA: Sage Publications.

Kim, J. S., & Franklin, C. (2009). Solution-focused brief therapy in schools: A review of the literature. *Children and Youth Services Review*, 31(4), 464–470. doi:10.1016/j.childyouth.2008.10.002

Kim, J. S., Franklin, C., Zhang, Y., Liu, X., Qu, Y., & Chen, H. (2015). Solution-focused brief therapy in China: A meta-analysis. *Journal of Ethnic & Cultural Diversity in Social Work*, 24(3), 187–201. doi:10.1111/jmft.12193

Kral, R. (1995). *Solutions for schools*. Milwaukee, WI: Brief Family Therapy Center Press.

LaFountain, R. M., & Garner, N. E. (1996). Solution-focused counseling groups: The results are in. *Journal for Specialists in Group Work*, 21(2), 128–143. doi:10.1080/01933929608412241

Lehr, C. A., Tan, C. S., & Ysseldyke, J. (2009). Alternative schools: A synthesis of state-level policy and research. *Remedial and Special Education*, 30(1), 19–32. doi:10.1177/0741932508315645

Lipchik, K. (2002). *Beyond technique in solution-focused therapy: Working with emotions and the therapeutic relationship*. New York, NY: Guilford Press.

Metcalf, L. (2008). *A field guide to counseling toward solutions*. San Francisco, CA: Jossey-Bass.

Metcalf, L. (2010). *Solution-focused RTI: A positive and personal approach*. San Francisco, CA: John Wiley and Sons.

Murphy, J. J. (1996). Solution-focused brief therapy in the school. In S. D. Miller, M. A. Hubble, & B. S. Duncan (Eds.), *Handbook of solution-focused brief therapy* (pp. 184–204). San Francisco, CA: Jossey-Bass.

Murphy, J. J., & Duncan, B. S. (2007). *Brief interventions for school problems* (2nd ed.). New York, NY: Guilford Publications.

Newsome, S. (2004). Solution-focused brief therapy (SFBT) group work with at-risk junior high school students: Enhancing the bottom-line. *Research on Social Work Practice*, 14(5), 336–343. doi:10.1177/1049731503262134

Paulus, F. W., Ohmann, S., & Popow, C. (2016). Practitioner review: School-based interventions in child mental health. *Journal of Child Psychology and Psychiatry*, 57(12), 1337–1359.

Richmond, C. J., Jordan, S. S., Bischof, G. H., & Sauer, E. M. (2014). Effects of solution-focused versus problem-focused intake questions on pre-treatment change. *Journal of Systemic Therapies*, 33(1), 33–47.

Sklare, G. B. (1997). *Brief counseling that works: A solution-focused approach for school counselors*. Thousand Oaks, CA: Sage Publications.

Webb, W. H. (1999). *Solutioning: Solution-focused interventions for counselors*. Philadelphia, PA: Accelerated Press.

2章

解決志向オルタナティブ高校の プログラムを構築するための方略

まずはこの話から

　ジメナ[1] と彼女のきょうだいは，1月上旬に叔母と叔父の家に引っ越してきました。この数カ月の間に，父親が糖尿病の合併症で手足の一方を切断し，もはや保護者としての役割を果たせなくなっていました。結局，父親は入院し，終末期のケアを受けるようになりました。ジメナは働いて父親ときょうだいを養うために，高校2年生で中途退学しました。深い悲しみと喪失体験が重なり，引っ越しという変化も加わって，ジメナは困難な状況にありました。

　親戚と住み始めてから，ジメナの叔母は彼女を学校に入れましたが，そこからゴンザーロ・ガーザ独立高校（以下，ガーザ）に依頼[2] されました。ジメナは高校2年生の1年間，全く学校に行きませんでした。そして入院中の父親の見舞いに多くの時間を費やしました。従来の学校のスケジュールでは彼女のニーズに応えられないようでした。ガーザの授業に通い始めたところ，彼女がとても聡明な生徒であることが，

---

[1]　本章で提示された事例は，オルタナティブ高校に通う生徒への研究目的の面接や，これらの生徒と取り組んだ職員の経験から採られています。当該の生徒に対する守秘義務のために，氏名や一部の情報は変更されています。これらの面接の一部は，テキサス大学オースティン校メンタルヘルスのためのホッグ財団（Hogg Foundation for Mental Health）の手厚い支援により可能となりました。

[2]　訳注：本書では "refer" を「依頼」と訳しています。

43

ジメナを担当する教師の間で明らかになりました。しかし，彼女は課題に取り掛かって終わりまでやりとげることに，しばしば苦労しました。これは教師を混乱させる事態でした。課題を始めたり終わらせたりするのに苦労する生徒の多くは，学問的な知識に穴がありました。しかし，ジメナはそうではありませんでした。

　授業開始から 1 カ月が過ぎた後，突然，ある教師が彼女の赤く腫れぼったい目に気づきました。ジメナがずっと泣いていたのは明らかでした。彼女はあまり感情を表に出さない生徒だったので，取り乱しているのを見てびっくりしました。教師はすぐにジメナをコミュニティ・イン・スクールズ（Communities In Schools）に依頼しました。これは，生徒が学校を続けられるよう，公立学校と提携して学校のキャンパスでサービスを提供する，国営の組織です。これによりジメナには，授業後の昼食時にコミュニティ・イン・スクールズに行くか，勉強の遅れは後で取り扱うことにして，すぐにコミュニティ・イン・スクールズに行くかの選択肢が与えられました。ジメナはすぐにコミュニティ・イン・スクールズに行く機会をとらえて，スクールソーシャルワーカーと会って話をしました。やがて，ジメナにうつ病の症状が現れていることがわかりました。集中力欠如，絶望感，以前は関心があったことへの興味の消失，不眠，全身の痛みの感覚，そして自殺念慮です。

　簡単な面談の後に，スクールソーシャルワーカーとジメナは叔母を呼び，ジメナの症状を伝え，彼女が定期的に学校でカウンセリングを受けられるように頼みました。学校で過ごしたその年の間中，継続してカウンセリングを受けた結果，ジメナの症状は劇的に改善しました。彼女は授業を楽しむようになり，何人かの親友もできました。父親がだんだんと弱っていくのは，やはり彼女にはつらいことでしたが，そのようなトラウマと深い悲しみに対処するすべを得ました。

　高校 3 年生に進級するとき，ジメナは，ガーザでのカウンセリングを続けたいと，次のように申し出ました。

　「以前はメンタルヘルスについてよく知りませんでした。家族の誰

もが，カウンセリングとは何か，私が良くなる可能性があるかどうかを知らなかったようにです。自分の中で何か問題があるとは感じていましたが，どうしたらいいかわかりませんでした。カウンセリングを続けたいと思います。なぜなら，今でもまだ私にはきつい状態ですし，自分のことを大事にしたいからです」

ガーザで受けた学業上の援助やメンタルヘルスのサービスがなければ，ジメナは心の安定を取り戻すのに必要なカウンセリングを受けたり，高校を卒業したりすることができなかったかもしれません。

はじめに

今日の教育政策の焦点が学校選択制に置かれていることを考慮すると，オルタナティブ（alternative）教育プログラムにはこれまで以上に重要な意味があります。フランクリン（Cynthia Franklin），ホプソン（Laura Hopson），ダパー（David Dupper）は，これまでに発展してきたオルタナティブ教育の2つの相反するモデルについて説明しています（Franklin et al., 2013）。モデルのひとつは，本質的に規律重視，または懲戒的であり，問題の生徒を矯正することを目指します。2つめは本質的に学術的で創造的であり，より効果的に生徒を教育する方法を推進しています。解決志向オルタナティブ高校は2つめのアプローチのほうに，より合致しています。なぜなら，全生徒が成功するように援助するのに必要なメンタルヘルスのリソース（資源）を提供するプログラムはもちろん，学術的により厳密であり，思いやりがあり，支持的なプログラムも構築するからです。実際，解決志向オルタナティブ高校のカリキュラムとプログラムは，少年矯正施設と同様に運営されている多くの矯正的オルタナティブ・プログラムよりも，エリート大学予備校のプログラムに類似しているかもしれません。本章では，解決志向オルタナティブ高校のプログラムを開発する方法について，ガーザに関してよく質問される内容をもとに述べています。解

決志向オルタナティブ高校の発展に欠かせない，解決志向の思考様式の必要性を説明します。学区や地域のサポートを開発する方法や，リーダー職のチームをつくり，適切な教師を選ぶ方法の実例を含めて，実際的な問題を扱います。解決志向オルタナティブ高校の成功の中心にあるのは，管理者，教師，生徒，親，地域の協力者，そしてメンタルヘルスの専門家を含めた，人々とその人間関係です。本章では，これらの人間関係がシステムの中でどのように機能し，生徒の積極的な関与に必要なキャンパス・コミュニティがつくられ，危機的状況にある青年を対象とする学校の学業上の成功につながるのか，実例をあげて示します。

　本章ではまた，解決志向オルタナティブ高校において，対応すべき危機にある生徒の種類と，それらの生徒をどのように選び，導いていくかについても論じます。最後に本章では，解決志向ブリーフセラピー（SFBT）で全職員の研修を行う方法を紹介し，学校の成功を確実なものにするために継続的な専門的能力開発が，不可欠であることを説明します。

解決志向の学校を始めるのに必要な思考様式

　解決志向オルタナティブスクールを始めるためには，創始者は教育実践において真の変化を望むという思考様式，つまり強さに方向づけられ，生徒中心であるという思考様式に責任をもって関わらなくてはいけません。この思考様式は次のように始まります。リーダーと職員は，生徒の生活の中での出来事がどんなにひどいもののように思われても，教育に対する生徒の態度は好ましい方向へ変化させることができ，生徒はこの変化に向けてともに取り組むことができるということを信じなくてはいけません。リーダーと職員が，危機にある生徒を人として信じ，敬意を持っていることを進んで示すとき，そして可能なかぎり最善の教育を提供したいと思うとき，彼らは解決志向オルタナティブ高校を始めるための適切な思考様式の状態にあります。1章で

検討した8つの解決志向の原理原則は，解決志向オルタナティブ高校のプログラムを構築する際に，教育者の拠り所になる，すべてを包含するガイドラインとして役に立ちます。そこで，ここに覚書として再掲します。

1. 個々の人間関係および関係の構築がつねに優先されるべきである。

2. 教員および職員は，生徒の欠点に焦点を合わせるのではなく，生徒の強さやリソース（資源）を築くことを重要視すべきである。

3. 教員および職員は，生徒の選択や個人的な責任を重要視すべきである。

4. 生徒は，目標達成に向けた全般的なコミットメント（責任ある関与）と頑張りを身をもって示すべきである。

5. 教員および職員は，生徒による評価を信頼し，生徒の考えを尊重すべきである。

6. 教員および職員は，過去の困難な出来事ではなく，生徒の現在そして将来の成功に焦点を合わせるべきである。

7. 教員および職員は，成功に向かう生徒の小さな歩みを祝福すべきである。

8. 教員および職員は，生徒のゴール設定の活動と目前の進歩を信頼すべきである。

オルタナティブ高校にいる全員が自信をもち努力してSFBTを学び実践できるようにするのに必要なことを伝えるために，私たちは解決志向の思考様式という用語を選びます。解決志向の思考様式という言葉は，実例を通して理解するのが一番です。ここではまず，解決志向の思考様式を活用した教員の例を紹介します。

　　ジョイ・サミュエルズ先生は，背の低い，髪がブルネットのヒス

パニック系の中年女性です。黒い瞳に，ワイヤーフレームのメガネ
をかけ，普段は黒のスラックスとカラフルなロングシャツを着てい
ました。サミュエルズ先生は 27 年前に，目を輝かせ，生徒の世界
を変えたいという熱意をもって教室に入ってきました。多くの教育
者にとって，この夢は，官僚主義，政治，そして共通のゴールに向
かう動機づけの欠如など，学校を悩ませる問題の中で，突如，終止
符を打たれることが少なくありません。しかし，サミュエルズ先生
はガーザの職員に加わり，解決志向の変化の原理原則を教えられた
ために，夢を持ち続けることができています。

　数年前に，サミュエルズ先生は対人的な状況で強い不安を経験する
生徒を受け持ちましたが，解決志向アプローチにより，彼女とその生
徒は成長の瞬間に導かれたのです。解決志向の練習に助けを得て，サ
ミュエルズ先生は苦闘している生徒（ここではエイプリルとします）
に，エイプリルの強さと能力に焦点を合わせたコーピングクエスチョ
ンをしました。SFBT において，生徒に目的を持って質問すること
は，変化を起こす方略に不可欠です。サミュエルズ先生は，エイプリ
ルが不安や学校での成績に関連して，自分自身についてこれまでとは
違う考え方ができるようになることを目指して，コーピングクエス
チョンにより解決構築の会話を開始しました。サミュエルズ先生は「ど
うやってそうしたの？　そんなに不安なのに，どうやって学校で何と
かやってこられたの？」と尋ねました。サミュエルズ先生はエイプリ
ルに，不安を何とかする自分なりの方法を彼女は実はすでに見つけて
いることを理解してほしかったのです。サミュエルズ先生はエイプリ
ルに，自分が声に出して言うのを聞くことで，うまく不安に対処して
きた方法を認識してほしかったのです。解決志向の変化の原理原則に
従い，サミュエルズ先生は，この種の会話がエイプリルの見方を自分
の能力を認識する方向へと変え，より希望を感じられるようにし，最
終的には自分自身の解決を認識し活用するように導くと信じていまし
た。

　しかし，10分経ってもまだエイプリルは自分の不安に対処する方法を話していました。サミュエルズ先生は心配になり始めました。このときを思い出しながら先生はこう言いました。「頭の中の声が"私たちは長く話しすぎている。もうとっくに私たちの授業を始めているべきだ"と言った」と。先生はイライラしてきましたが，そのとき心の中で思ったのです，「私たちの授業ですって？　これこそ本当の授業じゃない！」と。

　解決志向の思考様式が実践されているとき，サミュエルズ先生がエイプリルと話したのと同じように，教育者が生徒との間で解決構築の会話をするためのスペースが作られます。リーダー職は，内省と成長のための機会がある学校環境を育成すべきですし，この種の話し合いが学校内での毎日のコミュニケーションの一部になることを期待すべきです。オルタナティブスクールでの解決志向アプローチは，メニューにある選択肢から教育者がニーズに合うものを選ぶカフェテリア方式ではなく，完全に実践されたときに最も機能するアプローチです。解決志向の思考様式は，個人を超えて広がり，管理者，教師，施設管理スタッフ，そして食堂スタッフを含めて，サポート体制の全レベルに浸透しなくてはいけません。学校が解決志向であるためには，すべての部分が生徒を囲む安全で結束したシステムとして機能する必要があります。教師と他のすべての職員は，対人関係の問題と社会的な問題の間を行き来し，セルフペースのカリキュラム・モデルの舵を取っていきますが，このためにも教師は教科を超えて動き，解決志向の原理原則を実行する方法を知っている必要があります。チームとしてこのように動いていくことが，学校が受け持つ，危機にある生徒を教育し，卒業させるためには必要なのです。ガーザのような学校では，生徒が自殺を考えたり，試みたりしたことがあるかもしれず，多くは実際に極限の喪失体験をしてきています。さらには，ひと握りの生徒は薬物依存リハビリ施設から来ているかもしれませんし，ホームレスかもしれません。これにより学校には，いつはじけるかわからない脆い泡のような不安な空気が醸成されますが，解決志向の思考様式は，全職員

が協力してそうした生徒に最初に対応する心構えを与えてくれます。解決志向オルタナティブ高校では，キャンパス・コミュニティが介入の第一段階です。警察官や児童保護サービス担当者（Child Protective Services: CPS），または停学通知ではなく，キャンパス・コミュニティが，生徒のニーズや危機に応える最初の段階となるのです。

　自分たちが初めに対応するのだという心構えを維持するために，キャンパス内のすべての職員と教員がSFBTのトレーニングを受けており，サミュエルズ先生がエイプリルと交わしたような解決構築の会話をする方法を知っています。それに加えて，お互いへの信頼と敬意という全体を包含する態度がいたる所に見られるはずです。これこそが正に，いつもは内気で他の人たちと一緒にいると不安だったエイプリルが，サミュエルズ先生と大変多くのことを共有した理由なのです。先生は，エイプリルとの間で信頼と敬意という関係を築き上げていました。サミュエルズ先生は，エイプリルがリスクを負ってでも自由に自己表現できる，彼女にとって安全なスペースを創造しました。オルタナティブ高校に通う多くの生徒は，他者を信頼する能力に影響を与える，逆境的な子ども時代の体験を有していますが，これこそが，解決志向オルタナティブ高校がキャンパス・コミュニティでのすべての面において，信頼と敬意を重要視する理由なのです。

　ヘザーの例を示します。彼女は研究目的の面接において，なぜ自分が誰のことも信じないのか，2つの主な理由を説明しました。その理由とは，父親による養育放棄と複数回のレイプの経験でした。下記は，研究目的の面接の記録からの抜粋です。

面接者：「子どもから大人へと成長していく間の生活状況で直面した，最も辛い体験は何ですか」

生徒：　「2つほどあるんだけど，それはほぼつながっているの。ひとつは，私がパパを忘れなくちゃいけなかったこと。多分，それがこれまでで最も辛かった。パパが家を出てしまったことに対してひどく悲しんだだけじゃない。パパがいなくなっ

てから，すべてが上々っていうわけじゃなかったから。オーケー，パパはもう私の人生からいなくなった，とはならなくて，毎日考えてしまうの，ほら，"なぜパパはいなくなったの？　私が何かしたのかしら？"って。休日になったのに，パパは話しかけてくれないし，私からパパに話すこともできない。特に，パパっ子だったりしたら，もうサイテーね。で，そのことがあって，パパのせいで男関係では山ほどひどい目にあってきた。パパがいなくなった後，私は考えたの。自分が誰かに愛してもらうたったひとつの方法は，その人とセックスをするか，相手が私にしてほしいと思っていることは何でもすることなんだと。そして2回レイプされて，それはきつかった。だって，"なぜ私は奴らからこんなひどい仕打ちを，受けているの？　私は何も悪いことはしてないのに"ね。わかるでしょ，パパが家を出るって，本当にとっても大変なのよ」

面接者：「レイプされたとき，何歳だったの？」

生徒：　「8年生だったので，13歳だった。そして，二度目のときは，宿泊型治療センターから逃げ出したときで，16歳だった」

面接者：「こういったことで，誰かに助けてもらったことはあるのですか」

生徒：　「最初のレイプの相手は私の親友だったの。それで，学校の人や警官の何人かに話したの。そして何というか，ママには，それは自分のせいだと思わされた。自業自得なんだから訴えちゃいけないって。二回目のときは通報したわ。でも警察は私たちのこと，信じてくれなかった。私と友だちの二人ともレイプされたのに。奴らの名前をフルネームで知らなかったし，その上，私たちは叫んだり，その場から何とかして逃げようとしたりしなかったという事実もあるし。そこで，あの人たちに説明しようとしたの。その家に弾が入ったショットガンがあるときは，音をたてないようにするでしょ，と。抵

抗して争ったりしないでしょ，と。もちろん，"いや"とは言おうとするけど，そのために相手と格闘したりしないでしょ……。パパはいないし，レイプされたし，誰も信じていない，特に男はね。それで，本当に辛いの。それで毎日苦しんでいるの」

　解決志向の学校の管理者は，他者に対して敬意を示すモデルとなり（例えば，教師の心配事を聞きたいと思うなど），教師がヘザーのような生徒に対応するのをサポートするために，つねに教師とともに活動することによって，解決志向の思考様式と信頼回復のための基礎を作ります。どの職員もキャンパス・コミュニティのメンバーとして扱われ，**また職業上の成長のために，お互いの個人的な問題には立ち入らないことにより**，学校の文化は誰もがお互いを支え合うものとなっています。信頼と志気を高い状態に保つには，キャンパスの全職員が同じ高い水準で敬意を払い続けることが重要です。ほとんどの人は自ら高い水準に到達するでしょうが，その一方で，それらの水準を適切なレベルに保ち，職員が成功に向かって進み続けられるようにすることは，管理者の仕事です。会議を時間どおりに始めること，適切な服装をするように教師に責任を持たせること，そして時間どおりにやってくること，といった簡単なことが，各自の行動の水準を下げて自己満足に陥るのを防ぎます。

　この種のアプローチにより，教師や他の職員が，ともすれば食い違った目的で働いたり，さらにひどい場合は，互いの努力を妨害したりする結果になりかねないような意見の不一致を乗り越えることができるようになります。職員間に協力関係が生まれれば，生徒が職員同士を分断させることはなかなかできなくなるでしょう。これにより，オルタナティブ高校内はより落ち着き，より安全な雰囲気になるはずです。さらには，教師や他の職員が日々の交流で敬意を払われ支持されていると感じられれば，やりがいのある課題を見つけ出し，より高い水準に到達できるように必死に努力するでしょう。管理者はさりげない気

づかいで，コーヒーや飲料水を教師に持ってきたり，職員が常に自分の家族（配偶者，子ども，ペット，パートナー，友人）を優先できるようにするなどして，職員に敬意を示すことができます。例えば，職員がペットや子どもの病気のために休みをとる必要があるとき，「最善の仕事をするにはまず自分自身を大事にしなくてはならない」という，評価を抜きにした理解を示すことです。教師の境界を尊重することで，管理者と職員間の相互の敬意が生まれ，職員は，自分が価値を認められ支持されていると実感しながら仕事に臨むことができます。

　学校のリーダー職が，「どうして学校の先生になったのですか」「教育者になった理由をあなたが忘れずにいられるようにするには，どうやってお手伝いしたらよいでしょうか」「どうすれば教育がうまくいくでしょうか」「あなたの生徒が将来成功するように，どうやってあなたをサポートしたらよいでしょうか」「あなたが世の中を変えるのを，どうやってお手伝いしたらよいでしょうか」といった解決志向の質問をすることにより，互いに敬意を払う，解決志向のキャンパス・コミュニティをさらに育むことができます。管理者からのこのような質問により，職員は強さを話し合い，生徒の進歩へのコミットメント（責任ある関与）を新たにし，そして解決志向アプローチを最も大事なものとして心に留めるのです。ガーザのある教師がこう言いました。

　「解決志向の考え方は，ただ一度聞けばよいといったものではありません。以前の話し方や関わり方に逆戻りすることのないように，絶えず自分に思い起こさせなくてはなりません。ここにいる校長や皆が，解決志向であるためにお互いをサポートしていることに感謝しています。解決志向の会話を実践することは，哲学であり生き方であることがわかりました。実際，解決志向アプローチを学んでから，家庭内の人間関係も変わっていきました」

　オルタナティブ高校で働くことを選んだ職員の多くは，すでに援助に対するコミットメント（責任ある関与）や強い願望をもっているた

め，生徒を教育し援助するコミットメントを新たにし，SFBT を学ぶ
のは容易なことです。例えば，サミュエルズ先生の個人的な哲学と相
手を思いやるアプローチにより，先生はエイプリルとつながることが
でき，SFBT の知識や，生徒と解決志向の会話をするコミットメント
により，コーピングクエスチョンをして傾聴することに前向きに取り
組むことができました。校長による協働的なリーダーシップ，職業上
の研修行事，そして職員会議により，解決志向の思考様式がさらに促
進され持続するとともに，お互いを尊重し，信頼し合うコミュニティ
の内省，探求，そして実践に，キャンパス・コミュニティが参加する
ことにもつながります。計画的に開催される学校やコミュニティの行
事もまた，職員や生徒が自分の情熱や創造性を持続的に注いで，学校
周囲のコミュニティを再活性化するための十分な機会を提供します。
例えば，キャンパス・コミュニティを促進するためにガーザではコミュ
ニティ行事を開催し，そのサポーターを全員招待します。人気のある
コミュニティ行事に「**徹底的に混じり合う日**（Mix It Up Day）」[3] があ
りますが，これは**ティーチングトレランス**（Teaching Tolerance）[4] とい
う組織により推進される全国的な運動で，生徒に「社会的な境界を知
り，議論し，越える」ように励ますことで，彼らが典型的な排他的小
集団を「混じり合わせる」ように援助することを意図します。この種
のコミュニティ行事により，すべてのメンバーが互いを支えあうとい
う，相互に思いやり信頼するコミュニティとしてガーザというコミュ
ニティが団結し，持続します。

解決志向オルタナティブ高校のプログラムを構築する

教育者がひとたび解決志向の思考様式を自ら進んで受け入れたなら

---

[3] 訳注：https://www.tolerance.org/mix-it-up

[4] 訳注：ここでの "Tolerance" とは，「ともに平和に暮らすのに必要なすべての技術」とい
う意味。https://www.tolerance.org/about　を参照ください。

ば，解決志向オルタナティブ高校を創造する実際的な作業に取り組む
ことができます。多くの公立学校の学区では，オルタナティブスクー
ルやマグネットスクール[5]の経営のための予算が組まれています。特
別認可学校（charter school）や私立学校は，オルタナティブ高校に入
学する生徒と同じような生徒を卒業させる高校を運営したいと思って
いるかもしれません。本書の他の章と同様に，ここでは，解決志向オ
ルタナティブスクールであるゴンザーロ・ガーザ独立高校の実例を参
考にしたいと思います。ここで検討している問題点は，中途退学防止
対策のために解決志向オルタナティブ高校を始めたいと思っている教
育者からこれまで尋ねられてきた，よくある質問に基づいています。
学校を設立するためには，すべてのコミュニティが独自の計画を開発
しなければなりませんが，紹介する例は有益なものになるだろうと信
じています。

解決志向オルタナティブ高校を始めるためのサポートを見つける

　実際のところ，オルタナティブ高校は第一に，様々な理由で従来の
高校ではうまくいかなかった生徒のためのスペースを提供して，同じ
コミュニティの他の学校をサポートするために存在しています。その
理由は，たいていの教育者がうまく扱えないと感じている家族，行動
面の健康，そして社会的問題の領域にわたって横断的に存在します。
１章で，オルタナティブスクールの生徒の最も一般的な問題が，行動
面の健康，学業不振，そして不登校であったことを思い出してくださ
い。ガーザを卒業したレイチェルの例を検討しましょう。研究目的の
面接において，レイチェルは自分の言葉で悲劇的な生活状況を説明し
ました。

---

[5]　訳注：アメリカの公立学校の一種で，児童生徒の人種均等化のための国家および州補
　助の特別校。

面接者：	「では，ご両親はどこにいるのですか」
レイチェル：	「両親は他界しました。私が 11 歳の頃でした。今は姉と一緒に住んでいます」
面接者：	「お姉さんはあなたよりもずっと年上なのですか」
レイチェル：	「姉は 26 歳です……。実は，お父さんがお母さんを殺して，それから自殺したんです」
面接者：	「それは何とも……。あなたはそこにいたのですか」
レイチェル：	「実は私は通りの反対側にいたんです。でも，それが起こったとき，実は兄は家にいたんです。でも，ほとんどのことは私にも聞こえました」
面接者：	「それは本当にトラウマになりますね。この町で起こったのですか」
レイチェル：	「町の南側で起こりました。7 年前でした。私はちょうど学校を出たところでした。5 年生を修了して，事件は起こったのです」
面接者：	「あなたが 11 歳のときにご両親が亡くなられたのですね。それで，お姉さんが親代わりのような感じになったのですか」
レイチェル：	「そう」
面接者：	「子どもの頃で最も辛かったのはどんなことですか」
レイチェル：	「まだ幼いのに，両親はいないということ。私には姉……兄がいるのはわかっていたけど，孤独でした……。みんなが言っているのは聞こえました。私は学校を卒業しないだろうと。特に，私に赤ちゃんができたとき——私が妊娠していることがわかったとき，みんなが言いました。"あーあ，これでおしまいだな。彼女は卒業できないだろう"と。しかし私はやりました。彼らが間違っていることを証明しました。ただ私も，学校を卒業することはないだろう，と考えていたときがありました。でも，私には両親がいなくても，両親のために卒業したい

と思いました。両親がここにいてそれを見ることはできないけど」

　レイチェルは立ち直るための強い力を持っていましたが，その生活状況が教育上の障壁を作り出していました。他の高校のリーダーたちは，解決志向オルタナティブ高校がレイチェルのような人生経験を持つ生徒を卒業させることができると，信じることが必要です。解決志向オルタナティブスクールは今後，地域の他の高校のための教育サポートプログラムの役割を果たす高校として，正当で独立した地位を保持する必要があります。

　他の例として，マイケルについて見てみましょう。彼は 16 歳の黒人男子生徒で，従来の高校では 10 年生を繰り返さなくてはいけませんでしたし，代数の授業での態度はひどいものでした。彼はたびたび他の生徒の邪魔をし，教師は彼が威嚇的に見えたと言いました。教師は，生徒一人ひとりが学習すべき内容を理解した上で先に進むことよりも，彼を叱ることに時間を費やしました。マイケルは多くの時間を校長室で過ごし，停学になり，授業をさぼり，中途退学の危険がありました。このような状況では，マイケルの教育上のゴールが達成されないため，生徒と母親，教師，そして管理者にとって不満のたまる状態が続きました。

　マイケルは従来の高校の中途退学防止担当のカウンセラーにより，ガーザに依頼されました。少人数クラスでセルフペースのカリキュラムに慣れてくると，まもなく教師には，過去にマイケルが家庭内のトラウマから学校に行けなかったことと，その結果として，代数の基本を全く学んでいなかったことに気づきました。ガーザにおいてマイケルは，恥ずかしいと思ったり頭が悪いと思ったり，そして，これらの感情を紛らわせるためにしばしば騒ぎを起こすのではなく，自分のペースで基礎から学ぶことができ，少人数の行き届いた教室で代数 I を修了しました。さらに，彼が前にいた学校では，教師はクラス全体に注意を払うことができるようになり，中途退学防止担当カウンセ

ラーは対応するケースが1人減り，そして校長にとって重要な卒業率が上昇しました。

　解決志向オルタナティブスクールへの支持を集めるためには，他の学校から依頼された生徒を受け入れ，行動上の問題，出席率，そして卒業率が改善する可能性を高めることで，より広範な学校コミュニティに対して価値を付加することは間違いなく必要でしょう。地元の学区は，生徒とともに教育上の解決を構築する解決志向オルタナティブ高校があることで恩恵を受けることでしょう。解決志向オルタナティブ高校は，学校が受け持つ，危機にある生徒に厳格な教育を提供することで，学力格差を解消しています。私たちはこの考えに賛同し，解決志向オルタナティブ高校が地域に必要であると学校やコミュニティのリーダーに納得させる方略を求める多くの教育者，メンタルヘルスの専門家，そして学校改革者に出会ってきました。彼らはこの考えを売り込む方法を知りたいのです。解決志向オルタナティブ高校の考えの売り込みでは，生徒に教育上の解決を提供することが中心となりますが，これこそコミュニティのリーダーや親の探し求めているものなのです。生徒の教育上のニーズが，解決志向の考えを推進します。そのため，解決志向オルタナティブ高校を売り込み，設計するための第一歩は，特定の一群の生徒のための差し迫った教育上のニーズに取り組めることです。このことは，懲罰的な性質を持つプログラムが1〜2つあって，優秀な教育水準以上の厳格な学問的カリキュラムを備えていないかもしれない既存のオルタナティブ高校を，解決構築できる高校へと改革させたい場合にも当てはまります。

危機にある生徒のために戦うチャンピオン（熱心な支持者）を探し出そう

　オルタナティブ高校のような特別なプログラムでは，必然的に教育リーダー職の立場の人々の中に2〜3人のチャンピオン（熱心な支持者）がいなくてはなりません。1997年，ガーザを創設した校長であるボールドウィン先生（Victoria Baldwin）にはオフィスも予算もあり

ませんでした。オルタナティブスクールを創設し職員を集めるのにあったのは，5カ月という時間だけでした。第一印象では，これは不可能な課題のように思えます。しかし，彼女が着手したとき，教育長はその高校の熱心な支持者でした。なぜなら，当時，オースティンで急上昇中の中途退学率のために，中途退学を防止するオルタナティブ高校を設立しなくてはならない決定的な必要性があったからです。この場合は，教育長がその学校のチャンピオンでしたが，一般的には，学校プログラムを計画する第一段階として地域レベルの管理者の支持を得ることが重要です。最上位の人々と結びつきがあることで，リーダーへの資金調達が可能となり，非常に重要なコミュニティのリソース（資源）を探し出すことが可能になります。危機にある生徒の教育においてこれらのチャンピオンが誰なのかを把握することは，学校のリーダーとの対話を始め，解決志向オルタナティブ高校を創り出す旅に出るための，重要な出発点となるでしょう。

　解決志向オルタナティブ高校の概念についてチャンピオンになる可能性のある人に話をしたり，アイデアの種をまいたりするには，タイミングがすべてです。新しい職務命令が出されたり，学校がそれぞれの目標に到達しなかったり，制裁に直面したり，まさしく他の人が解決を求めているときこそがその機会となり，学校のリーダーが受け入れてくれるようになるかもしれません。ひとたびこの概念に納得すれば，学校のリーダーは，資金調達，教育委員会での駆け引き，そしてコミュニティの懸案事項の舵取りをすることができます。学校の創始者やリーダーは一致協力して働き，解決志向オルタナティブ高校の新たな展望をより広域の教育委員会に宣伝し，学校の使命を政策にきちんと書き込みます。

解決志向オルタナティブ高校で生徒の教育にかかるコストはどのくらいか

　解決志向オルタナティブ高校のコストは，多くの学校管理者が第一

に考えるところでしょう。現実には，解決志向オルタナティブ高校で一人の生徒を教育するのにかかるコストは，大規模な公立高校で一人の生徒を教育するよりも多くなります。しかし，より重要な疑問は，「それはコストに見合った価値があるか否か」ということかもしれません。ガーザでは，より小さな教室で，より多くのカウンセリングやメンタルヘルスのリソース（資源）を運用するために，他の高校に比べて一人当たり3割増し近く費用がかかります。しかし，危機的状況にある青年を卒業させて，中等教育後の教育[6]へ送り出すことの，社会への長期的な恩恵は，一人当たりの費用の増加分を相殺する可能性があります。学校の成功と統計データがはっきりと示しています。修了率は毎年80％以上であり，80％以上が中等教育後の教育に進んでいます。生徒の試験の成績はつねに州の平均点以上です。例えば，2017年クラスのSAT（大学進学適性試験）の平均点は，テキサス州の平均点の批判的読解：466点と数学：478点だったのに対し，批判的読解：549点と数学：522点でした。

　解決志向オルタナティブ高校を収容する場所を確保することは，新しくオルタナティブ高校を始めるための最も重要で困難な資金調達上の課題のひとつになるかもしれません。空間を確保して，適切な学校の設備を整えられるようにすることは，高くつく可能性があります。物理的な場所の選択は，学習環境という生態系を象徴し，そこに適切なリソース（資源）を割り当てなければならないので，重要な決定事項となります。オルタナティブスクールには「使い古された」ビルが使われることがよくありますが，これは創造的で革新的な教育プログラムに必要な条件を満たしていません。解決志向の風土が職員と生徒の間に安全と安心を推進するように，生徒の教育上の要求を満たす適切な施設の必要性は，効果的な解決志向オルタナティブスクールを提供する上での最重要案件です。ここが，危機にある生徒が教育の機会に再び出会うキャンパスになるのです。改装され最新のテクノロジー

---

[6]　訳注：大学，職業訓練校等。

が備わった魅力的な場所に，生徒が足を踏み入れることは重要なのです。物理的な環境は生徒に，彼らが敬意と質の高い教育を受けるのに値すると伝えるでしょう。

　もう一度，例としてガーザを取り上げましょう。ガーザは 1930 年代の小学校の建物に設けられましたが，校内中を塗装し直し，適切なテクノロジー機器に置き換えられ，外回りが整えられ，必要品が準備され，生徒にも職員にも魅力的でやる気を起こさせるように装飾が施されました。最初の最初からハイテクでもあり生徒中心でもあるという哲学が，学校の物理的な空間と教育の雰囲気を導いてきました。今日，ガーザの壁のいたる所に生徒のアート作品，彫刻，意欲を高める名句，そして魅力的な色彩が並び，いずれも生徒のことを考えて改修されたビルを完全なものにしています。外はコミュニティ・ガーデンになっており，ときどきミニチュアホースや農場の他の動物も現れます。

　19 歳のヒスパニック系の青年で中途退学者としてガーザにやって来たイーライ・サーダのような生徒の場合，壁にアート作品が飾られていることで，自分がなりたいと熱望しているものを思い出しました。大勢いる彼の親戚は芸術家一族でした。父親はコンピュータでインターネットのデザインをしていて，イーライにコンピュータでアート制作に取り組むように勧めました。イーライはうつ病のために卒業が困難になっていました。2 度目の入院をして私立の特別認可学校を中途退学した後に，ガーザにやってきました。イーライによれば，解決志向オルタナティブスクールに来る前は，彼や彼のアートへの関心を尊重してくれる学校を，全く想像していなかったのです。解決志向オルタナティブ高校に入った後，イーライは 20 歳の誕生日の前にコースを修了し，そして卒業後は，アートと音楽を融合すること，おそらくは，プロデューサーになることを計画しました。イーライは，解決志向オルタナティブスクールの環境は「自分が創り出せるかもしれない美しいアート作品を，毎日思い出させるものを提供」して自分に影響を与えた，と言いました。

解決志向オルタナティブ高校で
リーダー職はどのように機能するか

　解決志向オルタナティブ高校でのリーダー職のチームの構成と機能は, 慎重に検討したほうがよいでしょう。ガーザでのリーダー職のチームには, 校長と副校長, 生徒支援の連携担当（通常, ほとんどの場合は主任スクールカウンセラー）, 進学・就職カウンセラー, 中途退学防止対策の専門家, ソーシャルワーカー, そして地域のアウトリーチ支援者がいます。リーダー職のチームの全メンバーは, 校長とともに各生徒の解決を構築します。生徒会組織もまた, 校長に提言を行います。解決志向になることを望む新しいオルタナティブ高校の創成期のリーダー職のチームには, 解決志向のトレーニングを受けた専門家を含めることが推奨されています。解決志向アプローチを学ぶ際, 新しい言語と思考過程を学ぶのに時間がかかる可能性がありますが, 上達には実践あるのみです。ある特定の人に解決志向の研修を集中して受けさせることが, チーム全体が解決志向の思考様式を順守する助けになるでしょうし, もし, このアプローチが導く原理原則に新しい方針や計画がどう適合するかという疑問に対し, 直ちに答えを得ることができれば, プロセスはさらに進展するかもしれません。この解決志向の専門家は生徒支援チームのメンバーと見なされ, カウンセラー, ソーシャルワーカー, その他のメンタルヘルスの専門家などが考えられそうです。

　解決志向オルタナティブ高校では, カリキュラムは創意工夫に富み, 刺激的で柔軟であることが求められるため, 学校のリーダー職のチームにはカリキュラムの専門家を含めることもまた重要です。ガーザの生徒で 18 歳になったばかりのケアリーが「以前の学校は, 自分がいる必要があるようなタイプの学校ではなかった。私は他のみんながするようなやり方をしないし, とても遅れていた」と言いました。解決志向オルタナティブ高校は, ケアリーや同じような学業上の困難な課題を抱えた他の生徒に対して, セルフペースで, ゴールに向かう

カリキュラムを創り，必要ならどんなコースでも後回しにして，生徒が以前の学習体験では欠けていた基礎を築くことを認めています。ケアリーはさらに続けて「今では自分でペースを決めて，自分の時間に，物事を進められるようになりました。それがここに来た理由です。自分の勉強を精一杯できる所まで頑張ればいいし，他の先生や生徒に気を取られることもありません」と言いました。カリキュラムと教育への具体的なアプローチは6章で詳しく説明します。

　まず第一に，リーダー職は協働作業するチームとして機能する必要があります。リーダーがSFBTの原理原則に従うこと，そして協働作業的でありながら，同時に全員から尊重され順守される，運用のための明確で一貫した一連の規則を確立することが重要です。結果的に，柔軟で協働作業的な権限システムになるでしょうし，それは学校システムの中で慈しみと説明責任（アカウンタビリティ）の両方を提供するでしょう。生徒の成功が実現するには，誰もが等しく関心と敬意を払われ，その仕事が他の職員に支持されるとともに，全員が仕事で高い水準を保つ必要があります。教師と生徒支援チームのメンバーの間に起こる特有の主導権争いを解決して先に進まなくてはなりません。さもなければ，生徒の成功という究極のゴールが失われる可能性があります。ガーザのあるカウンセラーは「ここにいて本当に素晴らしいと思うことは，職場であのような［解決志向の］仕事をすることができ，他の学校職員がしっかりサポートしてくれるとわかっていることです」と語っています。

　危機にある生徒は，学校内でのリーダー間の未解決の軋轢（あつれき）や問題点に非常に敏感で，感情的に反応するものです。リーダー職の問題は，すぐに生徒の問題に移行するでしょう。いくつかのよくある間違いのひとつは，リーダー職があまりに硬直的で権威主義的な管理構造を作ることです。これはリーダーと他の人々の間のコミュニケーションを邪魔し，対立を隠蔽する原因になり，そして主導権争いを激化させます。それで結果的に，緊張した感情的な環境，受動攻撃的行動，権威への挑戦的態度，そして危機にある生徒による行動化がもたらされる

恐れがあります。二番目の間違いは，自由放任的な管理構造を作ることです。これは十分な指示，指導，そして説明責任を提供しないことです。この管理構造では，危機にある生徒から無秩序で手に負えない行動を引き出す結果になります。あまりに自由放任に過ぎると，リーダーや学校職員は生徒に対して十分な影響力が持てず，彼らの教育を支えたり日々の問題に対処したりすることができない場合があります。したがって，学校のリーダー職の人々は，合意された方向づけを設定することと，その方向へ向けて生徒を傾聴することの間の柔軟なバランスを維持する必要があります。何よりもまず，軋轢の解消，調和のとれた人間関係，そして団結したコミュニケーションが，リーダーから引き出される必要があります。これは軋轢が起こらないということではありません。リーダー職のチームが食い違った目的で働くことなく，誰もが尊重できる合意に到達するやり方で，こういった不一致が解消される，という意味です。もしもリーダー職が食い違った目的で働くならば，危機にある生徒は影響を受けるでしょうし，その生徒は知らず知らずのうちにこれらの軋轢に巻き込まれるかもしれません。また，リーダーと学校体制の中にある問題を鏡のように映し出すでしょう。

解決志向オルタナティブスクールプログラムに職員を配置する

　解決志向オルタナティブ高校の職員への応募は，従来の一般の学校への応募と何ら違いがないように思われるかもしれません。面接で解決志向オルタナティブ高校の創設者が探しているのは，行動上の健康問題，多様な苦難，差別，ひどい喪失体験，そして／または，心的外傷となる出来事に直面してきた生徒のために進んで闘うリーダーです。最良の教師は教室での経験を積んでおり，カリキュラムを理解し教える新しい方法を学ぶための柔軟性と意欲を持っていることが多いものです。校長の重要性はいくら強調してもし過ぎることはありませ

んが，重要なのはパーソナリティの問題ではなく解決志向アプローチに責任を持って関わることです。ガーザを創立した校長は，気質において現在の校長とは大変異なっていますが，どちらも有能な解決志向のリーダーです。ガーザで副校長の一人が以下のように言いました。

　「ガーザの先生方は熱心ですが，私たちが成功してきた理由のひとつは，校長が同じようなタイプの人々を選抜・選択して働くことができたからだと思います。もしも校長がこのように献身的ではなかったら，そして友好的でもオープンでもなかったら，私たちの誰もそのようにはならなかったでしょう」

　解決志向アプローチを補完してくれるようなタイプの専門家を雇うことに校長が直接関われるなら，それは何より好都合です。雇用するためのひとつの方策は，最初は教師を補助員として選抜することです。そうすることで，彼らは信頼を獲得し，解決志向の思考様式を理解します。そして後で空きができたときに教諭職になるための面接を行うのです。面接の際に雇用委員会は特定の面接質問集に頼るのではなく，解決志向の質問を用いて応募者の教育哲学を理解しようとすべきです。質問は応募者の見解が雇用委員会に示されるような言い回しを用いるとよいでしょう。例えば，「このような［ここに具体的な挑戦的課題を入れる］状況で，あなたはどのように生徒に受け答えをするでしょうか」などです。1章で説明した例外の質問，これは現在の問題が存在しなかったときのことや，過去に問題を解決していたかもしれないやり方について考えることを求める質問ですが，教師が遭遇する可能性のある問題行動を想定して説明しながら，例外の質問をするとよいでしょう。例えば「あなたが生徒と話し合い，成功に向かうように変化させる援助がうまくできた状況について教えてください」や「あなたの教室でうまく規律を保つことができたときのことについて話してください」などです。応募者は，解決志向の介入方法について事前に知識を持っていない可能性があり，新しく学校を立ち上げる

ときには特にそうかもしれません。しかしながら，オルタナティブ高校にふさわしいかどうかの証拠を反映する，一般的な態度というものがあるのです。例えば，応募者が大半の時間を割いて話しているのは自分のことについてでしょうか，それとも生徒のことについてでしょうか。応募者は，生徒との困難な状況について話し合うときに，生徒がやっていた間違いについて説明するでしょうか，それとも生徒と応募者自身の両者でどうやってそれを解決したかについて話すでしょうか。応募者は，規律について話し合うときに，一連の厳しい規則を説明しているでしょうか，それとも一貫性を持つことと生徒の成功を援助することについて柔軟な思考様式を示しているでしょうか。結局のところ，解決志向オルタナティブ高校は，柔軟で，生涯学び続ける意欲のある，そして最終的には生徒のことを気遣い，信じる人々からなるチームでなければならないのです。

職員に解決志向アプローチのトレーニングを行う

　解決志向オルタナティブ高校の創設時から，トレーニングは決定的に重要であり，継続的なトレーニングは，時間とともに学校が発展するにつれてキャンパス文化の標準的な部分になるべきです。リーダー職のチームの中から選出した鍵となる二人の専門家が，これらのトレーニングにおいて主要な役割を果たすことができます。つまり，カリキュラムの専門家と解決志向の専門家です。ガーザでは長年の間にこの文化が職員間に浸透してきたので，解決志向の実践における "入門編" の研修はありません。しかし，すでにあるオルタナティブスクールと新規のオルタナティブスクールのいずれにおいても，すべての職員が同じ理解を持つには，入門編の研修，すなわちオリエンテーションが極めて重要です。

　ガーザを創設した校長のボールドウィン先生の当初の哲学は，学校全体を訓練することでした。全員が訓練を行い，誰でも生徒を助けることができるようにすることは重要です。「そこにはデータ担当事務

職員がいましたし，記録係，用務員もいました。なぜなら［校長が］誰でも擁護者になることができると言ったからです」と管理者の一人が言いました。別の教師は次のように言いました。

　「私たちの用務員は，たくさんの子どもたちに深く関わっていて，強力な擁護者であり，手本にもなってきました。彼は市全域でバスケットボールを行っていて，何人かの子どもを勧誘しています。彼は，子どもたちと行儀や説明責任についての話をしています。それは素晴らしいことです」

　解決志向の研修はSFBTの専門家（この専門家は学校コミュニティ外から来る場合もあります）が指導し，オルタナティブ高校の全員に解決志向の会話の仕方を教えます。しかし，研修を引き継ぐことができる学校職員を迅速に養成することは重要です。初期にガーザでは，テキサス大学オースティン校のスティーブ・ヒックス・ソーシャルワーク在籍の解決志向の専門家とSFBTの創始者に研修を行ってもらいました。しかし，学校はそれぞれ自校で活用できる研修のためのリソース（資源）を見つけなくてはなりません。ガーザの場合，初期のトレーニングはリーダー職チームとの協議，専門家とのワークショップ，そして教室でのコーチングから成り立っていました。ガーザで行われた解決志向のトレーニングは他の文献で発表していますので，研修の実施方法の詳細はそちらを参照してください（例：Franklin & Guz, 2017; Franklin, Montgomery, Baldwin, & Webb, 2012）。

継続的な能力開発
　入門編の研修は，首尾一貫した解決志向の思考様式を創り出すために必要ですが，最も重要なのは学校で年間を通して行われる研修です。解決志向の教育を学ぶ最善の方法は，解決志向の思考様式を実践することです。実践は職員ミーティング中の様々な機会に行うこともでき，しばしば管理職や職員により提示されるロールプレイの形をとりま

す。想定される困難なケースを実践体験的に研修するには時間も必要ですし，一方的に判断されることのない（nonjudgmental）場も必要です。ガーザでは隔週のミーティングの中で実践セッションが行われますが，そこでは職員が対象となる生徒に生じている困難な状況のロールプレイに参加します。ある例では，生徒が休み時間に廊下でぐずぐずと時間を過ごし始め，教室に戻るのが遅れるということが明らかになっていました。校長はリーダー職チームからこの懸念を聞き，それをロールプレイの形で職員ミーティングに持ち込みました。教師が生徒と職員の両方の役割を演じ，生徒に対応するいろいろなやり方を試しました。職員は悪いやり方（「今すぐ，さっさと教室に行きなさい」と叫ぶ）と SFBT に合致するやり方（「時間どおりに教室に戻らないで，どうやって授業の題材を学ぶつもりですか」と生徒に尋ねる）の両方を演じてみて，解決志向の会話を生徒と行う方法を学び，自分の言いたいこととその言い方を見つけることができました。ロールプレイのもうひとつの決定的に重要な要素は，一方的に判断されることのない場が提供されることです。実践セッションの際には，互いに協働し，傾聴し，そして敬意を払うことによって，正規雇用の教師が新人カウンセラーと同じように多くを学びます。

　前述のような，あまりかしこまらずに行われるロールプレイに代わるものとして，校長が指導するのではない，正式な研修に参加するのもよいでしょう。そうすれば，職員の規律を正したり上司としての責任を持つ人が職員研修までしなくてすみます。例えば最近，ガーザの進学・就職カウンセラーが，教室で大学に関する質問が出てきたときに生徒に対応する方法について研修を行いました。職員はその研修で，大学に興味はないと述べた生徒に対応する，協働的で有用なやり方をいくつか学ぶことができました。校長はこの研修に参加して学習者の役割をとることにより，残りの職員に対して能力開発の手本となりました。参加した職員はそこで，「大学に行くことについて考えたことが，一度でもありましたか」や「過去にどなたが大学に行くようにあなたを励ましましたか」といった解決志向の質問をすることを学びます。

これらの質問が，「いいかい，これは義務だ。君はこれからカウンセラーと面接をしなくてはいけない」といった，まるで役に立たない権威主義的対応にとってかわります。

どんな生徒が解決志向オルタナティブ高校のプログラムに参加するのか

　典型的なオルタナティブ高校は，様々な理由で危機にある学生を受け入れます。オルタナティブスクールであるために，例えばガーザは生徒の75％が「危機的状況」のカテゴリー（例：低収入，妊娠，ホームレス，過小評価集団に属している）に当てはまらなければなりません。たいていの教育者は危機的状況のカテゴリーを熟知していますが，このレッテルや統計データは，生徒の実際の生活状況や彼らが持ち込む様々な問題を正しく表しきれていません。妊娠によって前の学校を辞めた，あるガーザの生徒が研究目的の面接で次のように言いました。

　「去年の2月ごろに学校に行くのを止めた。3月，4月，5月と行かなかった。ちょうど妊娠していたから，あまり学校に行かなかった。ただ行かなかった。行く気がしなかっただけ。それで終りじゃないとわかっていた。卒業することになるのはわかっていた。ただ，その時期じゃなかっただけ」

　自分自身や家族の物質使用とメンタルヘルスの困難な課題について話す生徒もいます。ある生徒が次のように語りました。

　「俺はほとんど毎日，マリファナでハイの状態で学校に行っていた。前の高校ではよくコーク（コカイン）が取り引きされていて，俺も何回かトイレでやった。草（大麻・マリファナ）を毎日吸っていた」

　別の生徒は，母親の飲酒が生活に影響した様子について話しました。

「ママとパパが別れたとき私は8歳か9歳でしたが，ママは酒を飲み始め，男たちとデートするようになりました。彼らの中にはママに暴力をふるった人もいれば，正気でない人もいました」

そのほか，自身の過量服薬について話した生徒もいます。

「私は自殺する気はなかったけど，薬を飲み過ぎて，救急車で連れていかれた。ママが私を浴室で見つけたのだけど，私には意識がなかった。救急治療室に急いで連れていかれ，炭を飲まされ，薬も何もかもすべて吐き出した。高校2年生の間中，病院に入院していた」

さらに別の生徒は，物質使用も含めた家族の問題について話しました。

「ええ，パパは本当にひどい飲酒問題を抱えていて，かなりやばいアル中です。ママはほとんどいつもマリファナを吸っています。お陰で本当に大変だった。なぜなら，パパは飲むけど吸うのは好きじゃないし，ママは吸うけど飲むのは好きじゃないので。私と弟と［友だちの］ジョーは，バカ騒ぎに関しては考え方が一緒で，つまり大麻を吸うことがすべてだったの。ママは私たちと同じ考えだったので，パパが仲間外れみたいになった。私たちは，この3年間，みんなが楽しくやれるように目いっぱいがんばってきただけど，それはもう大変だった」

最後に，ガーザを卒業した生徒が，母親との関係が学校生活の妨げとなった様子について生々しい例を提供しています。

「彼女［生徒の母親］は，"必要なものを全部カバンに詰めて，二度と戻ってくるな"と私に言いました。それで，カバンに荷物をまとめました。私はずっと泣いていました。それで外に出て行って，

前の彼氏にまた電話すると，彼が迎えにきてくれました。そして，外で待っていたら，彼女が手に鉈を持って走って出てきました。彼女は正気を失っていたと思います。彼女は私からカバンを取り上げました。私は叫んでいました。このとき，もう朝の４時くらいでした。私は外にいて声の限り絶叫していました。女が刃物を持ってそこにいるんです。本当に怖くなりました。そして，彼氏が近づいて，何とか彼女を少し落ち着かせ，ついに私たちを解放しました。彼女と一緒に家にいることができないのはわかっていました。それで，私は家を出て，数日間，いろんな人の家にちょっと厄介になっちゃって。結局，彼女は電話してきて，家に戻ってくるように頼んできたので，私たちはいつものように何とか折り合いをつけました。こういうぞっとするほどいやな気持ちが私の中に残っていて，わかるでしょ，ほんとにいまいましい。ママとの間では，こんなことをたくさん経験しているんです」

解決志向オルタナティブスクールの生徒はどのように選ばれるのか

　前述のようなオルタナティブスクールの生徒を解決志向オルタナティブ高校に強制的に通わせるようなことはあってはならないことです。なぜなら，それはこの学校の信念とまったく相反するものだからです。そうではなく，この学校は選択肢のひとつであらねばなりません。生徒は自分で意思決定することを許されており，そこで選択し，「このプログラムが好きです。ここにいたいです」と言うことができます。生徒は入学のために面接し，席を得ます。それにより，解決志向オルタナティブ高校にいるすべての生徒は，自分の選択で学校に通い，学校から受け入れられたという認識をもつにいたるのです。

　ある生徒は研究目的の面接において，学習のためにこれまでとは違う環境を望み，ガーザに来ることを選んだと言いました。

　　「好きなように学校に行ったり来たりはできませんが，ここの人た

ちは本当に理解があります。より多くのことを学んでいます。なぜなら，自分で学ぶからです。実際，自分で何かをしなくてはなりません。大変ではありますが，他の学校のようにやらされているわけではありません。そう，普通の学校では，カリキュラムはただ与えられるだけです。何枚かのワークシートに書き込んで，それで終わりです。何も学びません。ここでは自分で研究しなくてはいけません。自分で考えなくてはいけません。助けは得られますが，でも学校がいろいろ与えてくれるわけではありません」

　開校したての解決志向オルタナティブ高校にふさわしい生徒を探し出す際には，この学校について口コミで広められ，中途退学の恐れのある生徒のためのセルフペースのアプローチがあると，学区のカウンセラーや管理者を通して宣伝されます。これは，ポスターやメディアへの発表などの典型的な広告のようには見えないかもしれませんが，かわりに生徒や親の間（もし当てはまるなら），そしてカウンセラーの間での何気ない会話を通して，学位修了のための別の選択があることが知れ渡ります。カウンセリングルームに入ってくる生徒に対して，「私たち」と「彼ら」の対立という悪いイメージを植え付けないように，印刷物による典型的な広告は避けることを勧めています。そのかわりに，カウンセラーや教師から言葉で学校の説明が行われ，そうして生徒はこの新しいオルタナティブ高校の面接を受けるかどうかを選択するのです。

　解決志向の学校に通う可能性に興味を覚えたら，生徒は校長と面接を行います。正式な面接が始まる前に少し話をして，面接は双方向のものであることが校長から説明されます。これが意味するのは，校長が生徒を面接し，生徒も校長を面接するということです。面接中に生徒は，「この学校は自分にふさわしいか」と尋ねるように導かれます。同時に管理者は，生徒が学校にふさわしいか否かを検討します。前述のように，生徒による選択についても強調されます。つまり，生徒はここに来たいと望んでいるのかどうかです。生徒が選択したのでなけ

　れば，学校は生徒にとって，将来，解決を構築するであろう新しい教育機会に参加するための選択肢ではなく，生徒が送り込まれる懲戒センターのようになってしまいます。実際の面接中に，生徒には次のような質問をします。つまり，「前の高校では何がうまくいきましたか」「何がうまくいきませんでしたか」，そして「私たちの学校はあなたのニーズにどのように応えることができるでしょうか」などです。

　校長はまた，解決構築アプローチや，学校が未来に焦点を合わせるやり方，そして生徒がここでは白紙の状態で始められることを説明し，ことによると「以前の教育でどんなことがあったとしても，それは昔のことですし，ここでは新しい人間になることを選ぶことができます」と述べさえするかもしれません。さらに校長は，すべての個人に対する敬意についての，学校が持つ高い水準と期待を，入学の見込みがある生徒に強調します。職員に対して高い水準を保持するのと同じ思考様式で，生徒は自分自身をより高い水準にまで高めていくことが期待されています。ガーザには，これらの期待を伝える行動規範があります。**ガーザ行動規範**に明言されているのは，すべての人は

- つねに個人の名誉と高潔を示し，
- 争いよりも平和を選び，そして
- 自分自身と他者に対する敬意を［示す］。

　校長はこの行動規範に対するコミットメント（責任ある関与）を，入学の可能性がある生徒に言葉で求めて，「私はあなたに敬意をもって接するつもりですし，あなたにも私に敬意をもって接するように期待します。私が言っていることについて，あなたはどう思いますか」と言うでしょう。校長はさらに，もし生徒がこれらのより高い水準に到達するのに何かの障壁を経験しているようなら，教育上のゴールを達成するために生徒が解決構築できるよう，生徒支援チームが支援することを説明するでしょう。

　面接の間，生徒は率直であることを奨励されます。なぜなら，こう

した質問に対して正しい答えも間違った答えもないからです。解決志向の思考様式に沿って，校長は生徒個人を否定する理由ではなく，生徒を学校に受け入れるのを許可する理由を探し続けます。管理者は生徒に適切に応答するよう期待するのではなく，卒業というゴールに到達するように生徒を完全にサポートする準備が学校にできているか否かについて考えているでしょう。今，この生徒の生活に学校で成功するための余地はあるでしょうか。ある種の，例えばホームレス状態のような苦境にある生徒には，学校がどのようにサポートできるかについての詳細なプランが必要となるでしょう。例えば，生徒がいるホームレス施設のケースワーカーとの連携や，食事の計画などです。管理者は，学校の生徒支援チームがこの生徒に最善の援助をするための適切なリソース（資源）を持っているか，検討しなくてはなりません。もし持っていれば，その生徒はガーザの生徒の一員になります。

生徒オリエンテーション

　解決志向オルタナティブスクールがふさわしいことに生徒と校長が同意し，生徒が学校に通う機会を受け入れると，生徒オリエンテーションが設定されます。職員がこの新しい解決志向の思考様式に方向づけられなくてはいけないのと同じように，生徒もまた，オリエンテーションに参加して，教育面での解決のための耳新しい言語に適応し，セルフペースのモデル，そして新しい学校環境に順応する援助を受ける必要があります。オリエンテーションが扱うのは，新しい学校に入学した生徒のための代表的な物事の流れ（logistics）です。つまり，学校とその目的についての情報，生徒向けカウンセラーに個別に会い，卒業に必要な単位とそれが達成できる時間について十分な説明を受けること，学業に関するスケジュールの説明を受け理解すること，そして学校構内の案内です。生徒はまた，オリエンテーション中に自分の将来についてよく考えてゴールを設定するように求められます。これらの熟考を導くために，SFBTのミラクルクエスチョンや未来に方向づ

けられた質問，そしてゴール設定がよく用いられます。例えば１章で説明したように，ミラクルクエスチョンは問題が解決されている未来を生徒が想像するように求め，問題が改善されたり存在しなくなったりしたときに，生徒が今とは違うやり方をしているであろうことの細かい点に注意を向けながら，生徒が自分の望むこと（ゴール）を表現できるようにします。また関係性の質問を組み込んで，彼らがすることに関連する他の人々の反応についてさらに考えるように援助することもあります。例えば，奇跡が起こって教育上の問題が改善したとき，今とは違うどんなことをしているかを想像することや，時間をさらに先に進めて卒業後に何をしているかについて語ることを求められるかもしれません。生徒はさらに，誰が自分のことを誇りに思うだろうか，または他の人々はこれらの業績にどのように反応するだろうか，ということについて尋ねられるかもしれません。ミラクルクエスチョンや関係性の質問のような解決志向の質問は，生徒に想像力を働かせることを求める以上の意味があります。なぜなら，質問が生徒の向上心を引き出し，ゴールと解決について考える練習につながるからです。

　教育者の中には，生徒オリエンテーションに解決志向アプローチに関する研修が含まれないことに驚く人もいます。かわりに新入生には，面接やオリエンテーションの中で解決構築の概念が紹介され，さらにオルタナティブ高校に通学している間に実地に示されます。そこでは，解決志向の質問や言語が使われる様子を，絶えずモデルとして示しているからです。解決の会話（ソリューショントーク）は，生徒が職員とかわす会話を通して，そして職員がお互いに話す様子を観察することによって，生徒にはっきりとわかります。セルフペースモデルの「いつでも入口」と「いつでも出口」（「随時入学」と「随時卒業」）の構造に従い，新しい学校はまず初めに新入生全員に対して大規模のオリエンテーションを行い，生徒数が増えていくにつれて２週間ごとにこれらのオリエンテーションを開催していくとよいでしょう。

学校の実践を支える能力開発の例

　ガーザの校長は，職員の能力開発ミーティングが行われている部屋の奥の席に座っていました。そこでは，テキサス大学オースティン校から来た教授が学校における SFBT の活用について発表していました。発表は，職員が教室で活用できるロールプレイや実践的知識に関するものでした。ガーザでは最近，数人の新しい教師を雇い，また自殺念慮やメンタルヘルス上の困難な問題を抱えた生徒が殺到していました。これらのことから，校長は SFBT の専門家に再び研修を行ってもらうことが必要なときだと考えたのです。

　新顔の教師の一人であるグズマン先生が，部屋の前のほうに座って熱心に聴いていました。彼は受け持ちのクラスに，自傷経験があったり，双極性障害やうつ病と診断されていたりした数人の生徒を抱えていました。これらの生徒は，地域だけでなくガーザでもカウンセリングを受けていましたが，グズマン先生は教室でもこれらの生徒をサポートできるようにしたいと思いました。グズマン先生にとって，自分のクラスに自傷や他のメンタルヘルスの問題を抱えた生徒がいるのは，これが初めてではなかったのです。以前勤務していた別の高校では，腕や脚に生々しい傷のある生徒を見かけるのは日常茶飯事でした。こういう場合，グズマン先生はスクールカウンセラーに依頼するようにしていたのですが，学校がとても大きく，職員不足の状態だったので，グズマン先生が生徒の状態について経過報告を受けることは一度もありませんでした。さらにグズマン先生は，こういう生徒に対する教室での支援態勢が整っていないと感じていました。

　研修の間，グズマン先生とその他の職員はロールプレイを行い，解決志向の技術の練習をしました。研修後に校長のウェッブ博士はグズマン先生に，研修についてどう感じたかを尋ねました。

　「この研修を受けられて，とてもうれしいです！」とグズマン先生は言いました。「ガーザの生徒は強烈ですし，私は教室で彼らをサポートできるようになりたいです。そして，この研修のお陰で，自分はで

きると信じることができます」

　ウェッブ校長は微笑んで，「それが聞けてうれしいです。私たちは職員と生徒の両方を支えたいのです。生徒が成功するように援助するには，コミュニティが必要です」と言いました。

　研修の後，グズマン先生は最も危機的な状況にいると思われる生徒たちと会話をすることができ，生徒支援チーム（困難なケースの経過観察に従事している教職員のグループ），カウンセラー，そしてコミュニティ・イン・スクールズのソーシャルワーカーに何人かの生徒を依頼しました。グズマン先生はどの依頼も流れが直接的で簡単であり，役に立つと思いました。彼は，生徒支援チーム，カウンセラー，そしてソーシャルワーカーの全員から経過報告を受けました。実際，ソーシャルワーカーの一人は教室まで来てくれました。そして，泣いていて自殺を考えていると思われる女子生徒への対応を手伝いました。自分は生徒を援助する能力のない教師ではなく，生徒の教育のみならず，メンタルヘルスの介入においてもチームの一員なのだと，グズマン先生は感じ始めていました。

覚えておくべきキーポイント

■ 危機的状況にある青年のための解決志向オルタナティブ高校を創設する準備にあたって，学校のリーダーは解決志向の思考様式を理解し受け入れ，解決志向アプローチを完全に実践しなくてはならない。

■ 解決志向オルタナティブ高校に属するすべての人の間での信頼，敬意，そして協同作業が，結束したキャンパス・コミュニティを創造する助けとなる。これらは，危機的状況にある青年の教育のための必要条件である。

■ 解決志向オルタナティブ高校に属するすべての人は，訓練と支援を重ねて，解決志向アプローチを使えるようにしなくてはならない。

- 解決志向オルタナティブ高校は他の高校にとっての教育サポートプログラムであり，コミュニティ内の教育リーダー職の人々から高く評価される独立した高校でなくてはならない。
- 解決志向オルタナティブ高校における生徒の教育は他の高校より多くの費用がかかるが，教育上の成果や社会にもたらす恩恵を考えれば，それだけの価値がある。
- 管理職は解決志向アプローチに熱意を傾け，すべての人を巻き込んだキャンパス・コミュニティのサポートチームを創る強い思いを持たなくてはならない。
- 教師は，他のどんな資質にもまして，新しいカリキュラムを柔軟に学べる能力をもって，生徒の成功に対して真にコミットメント（責任ある関与）を果たさなくてはならない。
- 生徒が「この学校は自分にふさわしいだろうか」と問うことができ，校長が「私たちは最善の方法でこの生徒をサポートできるだろうか」と問うことができる面接のプロセスから示されるように，生徒にはつねに解決志向オルタナティブ高校に通う選択の自由が与えられるべきである。

まとめ

　本章では解決志向オルタナティブ高校の創設の仕方を説明しています。解決志向の思考様式と学校に関わるすべての人による SFBT のトレーニングは，学校を創設し継続させるのに必要です。管理職，教師，生徒，親，地域の協力者，そしてメンタルヘルスの専門家を含めた人材とその人間関係も，解決志向オルタナティブ高校の成功の中核をなします。信頼，敬意，そして解決構築の会話からなる文化は，学校内での毎日の相互作用に不可欠です。こうした対人的特性は，危機的状況にある青年の教育を成功に導くための基礎です。本章では，学区やコミュニティのサポートを得ること，リーダー職のチームを確立し，資金と職員を確保し，生徒を選び，選ばれた生徒にオリエンテーショ

ンを行って学校プログラムに導き，そして解決志向のトレーニングを行うことの課題を取り上げ，全体像を説明しています。本章は，ゼロから解決志向オルタナティブ高校を創る観点で書かれてはいますが，本章の内容は，既存のオルタナティブ教育プログラムを用いている高校が，解決志向の原理原則を守る高校へと生まれ変わろうとする際にも有用であると思われます。

参考文献

Franklin, C., & Guz, S. (2017). Tier 1 approach: Schools adopting SFBT model. In J. S. Kim, M. S. Kelly, & C. Franklin (Eds.), *Solution-focused brief therapy in schools: A 360-degree view of research and practice principles* (2nd ed.). New York, NY: Oxford University Press.

Franklin, C., Hopson, L., & Dupper, D. (2013). Guides for designing alternative schools for dropout prevention. In C. Franklin, M. B. Harris, & P. A. Allen-Meares (Eds.), *The school services sourcebook*, second edition (pp. 405-418). New York, NY: Oxford University Press.

Franklin, C. , Montgomery, K. , Baldwin, V. , & Webb, L. (2012). Research and development of a solution-focused high school. In C. Franklin, T. Trepper, W. Gingerich, & E. McCullum (Eds.), *Solution-focused brief therapy: A handbook of evidence based practice* (pp. 371-389). New York, NY: Oxford University Press.

3章

協力的な，
解決志向の関係の築き方

まずはこの話から

　セス[1]がゴンザーロ・ガーザ独立高校（以下，ガーザ）にやって来たのは秋学期の中頃でした。彼は前の学校では停学になることも頻繁にあり，ほとんど宿題をやってきませんでした。家でも彼は同じように扱いが大変でした。彼は母親や弟に喧嘩腰の言動を取り，暴力をふるうと脅すこともありました。セスの母親は独身の低所得者で，息子に対してすっかり途方に暮れていました。その結果，セスは家でほとんどしつけや監督をされていませんでした。

　ガーザにやって来たセスの姿は目立つものでした。背が高く，がっしりとした体形でした。歯を磨くことも，シャワーを浴びたり，制汗剤を使ったりすることもなかったため，強い体臭を放っていました。彼の声は柔らかかったものの口調はわざと素っ気なくしていました。職員にとって，セスと良い関係を築くことには苦労するであろうことはすぐに明らかになりました。というのは，彼はあえて好ましくないことをしてほかの人との距離を取っていたからです。しかし，解決志

---

[1]　本章で提示された事例は，オルタナティブ高校に通う生徒への研究目的の面接や，これらの生徒と取り組んだ職員の経験から採られています。当該の生徒に対する守秘義務のために，氏名や一部の情報は変更されています。これらの面接の一部は，テキサス大学オースティン校メンタルヘルスのためのホッグ財団（Hogg Foundation for Mental Health）の手厚い支援により可能となりました。

向オルタナティブスクールにおいて，生徒と教職員間のラポールは協力的な関係を築くための中核をなし，解決構築の最も重要な要素となります。

セスは授業を受け始めるとコンピュータ科学に引き込まれていきました。コンピュータ科学の教室に入るやいなや，明るく輝く机の列に引き寄せられました。低所得世帯だったので，コンピュータ，特に最新式のデスクトップは彼が初めて目にするものでした。

授業が正式に始まる前に，セスはコンピュータにログインしてデスクトップの設定で遊んでいました。その授業の担当教師のアマリ先生は彼の強い好奇心に気づき，自己紹介しました。セスはアマリ先生のほうを見て「こんにちは」と静かに言いました。

アマリ先生は微笑み，授業を始めました。先生はセスが苦もなく指示に従い自力で多くの課題をこなせることに気がつきました。次の授業に向かう時間になったとき，彼はあまりにコンピュータに熱中していたのでそのことに気がつきませんでした。アマリ先生は彼に教室を出るよう促しましたが，「昼食のときにまた戻ってきたかったらそうしてもいいですよ。でもコンピュータのそばでの飲食はできませんよ」とも言いました。

昼食の時間になるとセスはアマリ先生の教室に戻り，コンピュータを使ってよいか尋ねました。「もちろんよ，セス。私はここにいるから，助けが必要なら呼んでね」と先生は言いました。

数週間かけて，セスはアマリ先生と協力関係を築き，昼食時にコンピュータ教室にやってくるほかの数人の生徒とも友情を築きました。彼はほかの授業では寡黙で，友だちと一緒でないときはほとんど自分の殻に閉じこもったままでしたが，一人でいたがる態度はなくなり，彼は優しいとか，責任感があるとか，賢いとの新たな評判を得る余地が生まれました。それはセスが学校で前向きな評判を得た最初の体験でした。また，セスにとって，自分を好いてくれる教師がいるようだと感じる初めての出来事でもありました。続いてセスは，教師が忍耐強く一貫性のある人たちだとわかるようになりました。解決志向オ

ルタナティブ高校でセスが築いた協力的で前向きな関係により、卒業への道が開かれたのです。2年半の高校生活ののち彼は卒業し、コンピュータ科学への関心をさらに追求するために、4年制大学に入学しました。

はじめに

　多くのスクールソーシャルワーカー、カウンセラー、教育者は、関係性が学生エンゲージメント[2]、学業成績、中途退学防止に対して重要な意味を持つことを知っています。学校での解決志向ブリーフセラピー（SFBT）による変化のための方略は、様々な文化的背景を持つ生徒が集まる学校で実践され、成功を収めてきました（Franklin & Montgomery, 2014）。その方略は、たとえ危機的状況にある青年が支援を受けたがらない場合でも、協力関係を築くのに役立ちます（Dejong & Berg, 2012; Franklin & Hopson, 2009）。生徒とのラポールは、学校という環境において、学業、情緒、発達のあらゆる成長に有効に働く要素なのです。生徒が自らのゴールを定め達成するためには、ゴール設定や進歩について指導してくれる学校職員との関係を築く必要があります。危機にある生徒はトラウマや不十分な愛着形成、環境要因による苦悩を経験している場合が多いものです。学校職員は進歩向上での、あるいは組織が抱える大きな障壁に直面することが精神的な負担になることもあります。SFBTの技術は教師やほかの学校職員がこういった生徒とラポールを築いたり、彼らがゴールを達成する援助をするのに役立ちます。

　本章の狙いは、生徒と教師の間の協力関係がどのように共鳴し合い、前向きな関係がクラスにより良い結果をもたらすかを示すことです。本章ではSFBTを用いてどのようにして関係が築かれ、強化され維持

[2]　訳注：一方的な教育提供ではなく、生徒が主体的・積極的に学びに関わると、教員と生徒との間の信頼関係が築かれ、生徒の学校への帰属意識も高まる。そして、その過程で生徒も教員もお互いの成長を後押しするような関係性が築かれる。

されるかについて紹介します。解決志向による関係構築技術には生徒中心であること，強さに基づくこと，現在・未来志向であることが含まれます。さらには，これらの技術は生徒が自らのゴールを定め，その進歩の具合を測ることも可能にします。事例や個人の体験談によって本章の理解を深めていただくとともに，教師と生徒の間の関係を築く上で SFBT をどのように用いるかを示します。

関係を構築する

　学校の教師や職員は生徒との関係がクラスでの授業の最も重要な要素であることをたびたび思い返します。しかしながら，これらの関係をどのようにして築くかについての実践的なアドバイスや技術が提供されることはとてもまれです。あるガーザの教師はこのように語っています。

　　「私は以前，"関係を構築しなさい！"と何度も聞かされたものでしたが，それが意味することを理解していませんでした。ただ自然にそうすることになるはずだと考えていました。今ではカウンセラーやソーシャルワーカーがそのように教えられていると知り，ラポール構築は私が努力して習得できるスキルだとわかっています。SFBT は生徒と関係を構築する方法を理解する助けとなりました。今では自分で実践でき，よりどころとなる技術を持っており，様々な生徒集団に対応しています」

　様々な生徒と関係を構築すると思うと，混乱したり，戸惑いを覚えたりするのは自然なことです。教師，管理者，特別支援教育に関わる者は皆，自分自身の固有の背景を持っている人たちです。個々人の背景（人種，ジェンダー，民族性，国籍，性的指向，階層など）によって，関係構築についての認識は異なります。例えば，様々な文化やジェンダーの人々は，それぞれ固有の人間関係の取り方を持っていること

がよくあります。アメリカでは，支援の専門家の多くが白人女性であり，公私にわたって特有のコミュニケーションの取り方をしています（Ryde, 2009）。個人的背景や他者に関わるその人なりの方法があるのは当然ですが，すべての生徒や職員が同じ環境の出身というわけではないと認識することが重要です。したがって，教師と学校職員には広く様々な背景を持ってやってくる生徒と関係を築き，手を差し伸べられることが不可欠です。

　解決志向の場面において，生徒の認識，定義，ゴールが関係性の中核をなします。関係を築くために生徒中心のアプローチを用いることで，学校職員は個人的価値観，判断，期待が決して生徒に押しつけられないようにします。本章で紹介される関係構築の技術は，次のようなSFBTの基本的な考えに従うことで，すべての集団の生徒に効果を発揮します。

- 　生徒中心
- 　強さに基づく（strengths based）
- 　現在・未来志向
- 　生徒が自分のためのゴール設定をするのを認める
- 　生徒が自分なりの進歩を測ることを認める
- 　生徒の成功を強化し生徒の進歩を増幅する

　ガーザの教師が以下に述べるように，解決志向の技術を用いて関係を築くことは，専門家が自信を深める助けとなります。

　「私は解決志向オルタナティブスクールで教鞭をとる白人女性です。学校には多種多様な生徒がいます。私は十分な支援を受けてこなかった生徒と容易にはラポールを築くことができないと感じていました。特に黒人男性の生徒に対してそうでした。学校の黒人男子生徒は白人の生徒ほど卒業が容易ではなく，早くもありませんでした。私は彼らが自分に何を求めているのかがわかりませんでした。

強さに基づくアプローチと解決志向の技術を学んだ後，私は黒人男子生徒の集団を支援することができるようになりました。以前は私が彼らの期待値を決めてしまっていました。今は，彼らが自分のためにゴールを設定する必要があると理解しています。自分が何者であり，教育に何を求めているかを決定するのは私ではなく，彼ら自身なのです」

生徒との関係を促進する助けとなる解決志向の技術

生徒中心でいる方法

　ガーザの教師による次の発言から，解決志向の技術を用いることでどのようにしてラポールを構築するスキルが養われるかが理解できます。解決志向の学校での関係は**生徒中心**です。これは関係が生徒のニーズに基づいているということを意味します。シンプルで明らかな考えのようですが，そう実行しようと意識して努力することが求められます。例えば，生徒中心でいるには忍耐と一貫性が必要です。

　生徒との関係を築くには，関係は最終的には生徒に対するものであることを覚えておくことが大事です。ラポールを築くのに長い時間がかかるとき，イライラしたり拒絶された気分になりやすいものです。経験を積んだ教師や職員でさえ気分を害されたと感じたり，困難な生徒に対して恨みを持ったりすることが起こりえます。これは自然なことです。しかし，これらの感情を特定し，脇に置いておくことが大事です。これは次の2段階でなされます。つまり，①総体的な見方を取り戻すことと②セルフケアをすることです。拒否感や傷ついた気持ちが高まった際に助けになることとして，解決志向の教師はこの2つを挙げています。ある教師は次のように語っています。

　「私は15年間，教師をしています。それでも関係を築くのが難しい生徒に出会うと，今でもまだ心が傷つきます。彼らが私を無視したり，すげなく拒絶したりすると傷つくのです。私は自然と人を気

にかける性格だから教師になったので，そのような感情に対して傷つきやすいのです。しかし，私は専門家であり大人です。彼らは10代の若者です。喪失やトラウマを経験した10代の若者です。彼らにとって愛着は難しいものであり，彼らが現在どんな状況にあるのかを意識していなければなりません。彼らが私の所にやってくるのを期待するよりも，私が生徒の現在の状況に向き合います。加えて私はオフのときは自分を大事にします。それは学校で教わることではありません。でも私には必要なのです。こうした生徒は私の家族でも子どもでもありません。自分を大事にすることで，より良い仕事ができ，状況が厳しいときには自分の捉え方を修正しすしやすくなります」

　この発言には生徒中心であることの肝心な点が述べられています。**生徒の現在の状況に向き合う**。あなたが生徒に期待している関係を彼らが築いていないことに怒りを覚えるのではなく，一歩下がって自分の役目を思い出してください。例えば，教師は生徒が廊下で相手から話しかけてきたり，学校が始まる前に会いにきたりすることを好ましいと思うでしょう。しかし，すべての生徒がそういったタイプの関係を築けるわけではありません。

　もし生徒が家庭で困難な状況にあったり，何かに悪戦苦闘していたりすると，関係を作るには努力を要するでしょう。そのために授業に出てもなかなか教師と話そうとしなくとも，それはそれでよいのです。生徒が授業に出ていることは明るい兆しです。生徒の現在の状況に向き合うということは生徒に対して忍耐強く一貫性を保つということです。そして，彼らが今できることを受け入れるということです。

　変化についての会話を行うためには，生徒と教師の間の強い関係が重要になります。生徒と教師の間の前向きな一連のやりとりは，変化やゴールについて話し合うために不可欠な，信頼とラポールの基礎を作ります。解決志向オルタナティブ高校の多くの生徒にとって，大人とのラポールや健全な愛着を築くことは困難を伴います。適切で健全

で，意味のある関係を築く能力は生まれながらにして身についている
スキルではありません。それは教わるものなのです。健全な家族や思
いやりのある保護者のもとで育った人の多くは，それを家庭で学びま
す。そして，そのスキルは学校で強化されます。生徒はスキルだけで
なく，個人の強さも伸ばしていきます。

　しかし，オルタナティブ高校の生徒にとっては，ラポール構築のス
キルを家庭で学んだり，学校で強化されたりしたことは一度もなかっ
たかもしれません。もし彼らが少しでも教わっていたとしても，トラ
ウマや精神疾患や薬物使用で崩されたのかもしれません。彼らにとっ
て解決志向の学校の環境は，大人や教師と前向きなやりとりを経験す
る初めての機会なのかもしれません。教師や学校職員は，生徒の経験
を把握して，目的に応じた応答をすることが大事です。ゴールや変化
について会話をするよう求められた際の生徒の傷つきやすさを認める
ことで，彼らの現在の状況にようやく向き合えるのです。

　ガーザのある教師は，どのようにしてクラスで生徒の現在の状況と
向き合ったのかを説明しました。彼女は次のように言っています。

　「とても物静かで引っ込みがちな生徒がいます。彼は，たいていは
頭を下げてうつむいています。教室内を私が歩いて回って，彼の肩
をポンと軽くたたくと，いつもパッと顔を上げて課題に取り組みま
す。ある日，私が肩を叩いても彼は顔を上げませんでした。どうし
たのか彼に尋ねると，勉強する気を失ったと答えました。彼にどん
なことが起きているのかと尋ねると，昼休みに行動制限を受ける罰
を与えられたのだと答えました。その生徒が**実際のところ**［強調は
筆者］悩んでいたのは，外の空気を吸いに出ていけないことでした。
3年生ではないので昼休みに学校を離れることが許されていなかっ
た彼は，外の空気を吸いにいくことを楽しみにしていたのです。そ
の生徒は続けてほかの心配事についての不満を話し，私はそれを聴
きました。その後，彼はいくつかの課題を達成することができまし
た。私は以前からその生徒と関係を築き始めていたので，彼が自分

の心配事を相談し，その後，前向きに取り組むようになって課題を
やり遂げられたことを嬉しく思いました」

強さに基づく方法

　解決志向での関係構築において，もうひとつの基本原則は強さに基
づくことです。強さに基づくとは，生徒の前向きな点を積極的に見つ
けるということです。生徒が教師と話はしないものの授業に来るこ
とは，悲観的な見方をすれば「やれやれ，あの生徒は決して授業に参
加しないし，とっても退屈そうだ！」となります。これに対して強さ
に基づく見方では，「すごい！　あの生徒は決して授業を欠席しない。
彼は課題をこなすし決して遅刻しない」となります。当たり前のこと
ですが，もし生徒が全く授業に来なければ，その生徒の事例はさらに
どれほど大変なものになっていたかと考えてみてください。

　強さに基づくアプローチでは，教師が生徒とすでに築いている真の
関係に重点を置き，生徒が先に進むために罰を与える懲罰的なモデル
は用いません。これが，解決志向のオルタナティブスクールで生徒が
認める，他校との違いです。「ここの先生方は僕の良い資質にさらに
気づいてくれていると思います」とガーザのある生徒が語っています。

　　「先生は脅して数学を学ばせようとはしません。わからないからと
　　いって馬鹿だと思わされることもありません。ここでは敬意をもっ
　　て接してもらえている感じがするので，いろいろなことを学べてい
　　いと思います。"やらなきゃ落第だ"と脅されているように感じた
　　ことは一度もありません」

　この生徒が話しているように，強さに基づくアプローチは恥をかか
せないアプローチです。ときには，どこかで間違いをおかしてもよい
のです。生徒が数歩進んでは1歩下がることもよくあるでしょう。し
ばらくの間，停滞することすらあるでしょう。強さに基づく関係構築
手法では，教師はたとえそのように見えなくても生徒は進歩するとい

う信念をよりどころにしています。

生徒の言葉を使う

　生徒と前向きな関係を築く際には，彼らの言葉を使うことが大事です。若者言葉やスラングやポップカルチャーを引用するという意味ではありません。正しくは，彼らの成長に関して，彼らの言葉で説明するということです。1章にスケーリングクエスチョンについての解説があります。スケーリングクエスチョンは生徒が成長の度合いをどう受け止めているのかを測るために使われます。例えば，1から10のスケールを用いて，理科の単位を取るゴールで8を示したとします。この生徒にとって8とは"高校の理科を終えるにはさらに2つの課題を終える必要がある"ことを意味しているかもしれません。あるいは，"理科の単位を取る最初の計画をやっと終えた"ということかもしれません。こういった理由から，スケーリングクエスチョンは生徒を支え，生徒がゴールに向かって取り組むのを助ける好機となります。

　生徒が理科のゴールで7（10に対して）とするなら，生徒は達成したことを誇りに思い，嬉しく感じているということでしょう。これは，進歩に対してコンプリメントし，生徒が誇りに思う気持ちを強調する好機です。教師はこんなふうに言うかもしれません。「あなたが7としたことをとても嬉しく思います。このところ一生懸命取り組んで，多くの足掛かりを得てきていますね」。しかしもし3と答えたら，生徒が自分の学習上の進歩に不満を持っていることの現れです。教師にとって次のように尋ねる好機です。「では，どうなると3から4になりそうですか」あるいは「どうして2ではなく3としましたか」。生徒がこれらの質問に答えるとき，すなわち何があれば前に進めたと感じられそうかを明確にし始めたとき，教師は生徒がゴールを表現するのに使う言葉を傾聴することが大事です。

　生徒は様々な言葉で自分のことを話すでしょう。生徒が使う言葉が彼らの背景やアイデンティティを反映していることがよくあります。だからこそ解決志向の技術が様々な生徒にうまく機能するのです。こ

の１から10のスケールは数を使ったスケールで，１と10を定めて進歩を測るために用いられますが，それは生徒がその数に意味を割り当てて初めて絶対的な意味を持ちます。生徒の進歩やさらなる次のステップが何かを決めるのは，生徒であって教師ではありません。生徒が望むことを話すために使う言葉は非常に重要で，職員がこの先のゴールについての会話を再開するのに役立ちます。

　解決志向の高校において，教師は生徒のゴールを設定し，進歩の具合を確認するために彼らと毎週面談をします。生徒はつねに積極的に自分の学習上のゴールについて会話を再開するとはかぎりません。だからこそ，教師が生徒の言葉を使うことが生徒ともう一度つながりを持つ助けとなるのです。次に挙げるのはそうした会話の一例です。

教師：「私が今週まずあなたに指摘したいのは，４週間前の学期初めの頃，自分は高校を一般教育修了検定（GED）コースで終えなくて済むので10の状態だと言ったことです。あなたは，自分と同年齢の生徒と一緒に高校を終えたいと強く感じていると言いましたね」

生徒：「本当にそう言いましたか」

教師：「はい。最初の週からのゴールシートを見てみますか」

生徒：「はい」

教師：「はい，どうぞ」

生徒：「そうだったんだ。僕はただ授業に通い始めたいと思っていたんだ。そして，今では理科の単位を取り終えたいと思ってるんだ」

教師：「今，これを見てどんな感じですか」

生徒：「どうしてここへ来たかを思い出せるかも」

教師：「私もそうだろうと思います。以前のあなたを思い返したところで，次は今のあなたについて見てみましょう」

生徒：「そうします」

この例で教師は，生徒に再び会話に入ってもらうために解決志向オルタナティブスクールでの最初の週のゴールを話題にしました。気づいていただきたいのは，会話が大事だと生徒に納得させたり，生徒を脅してゴールについて語らせたりする必要がなかったことです。教師は生徒中心となることで，そして生徒の使った言葉をそのまま使うことで，生徒とのつながりを得ました。

意味を聴き，協同構築する

　生徒の変化の過程での学校職員の役割には，生徒の話を傾聴し，生徒の発言から意味を協同構築することが含まれます。目的をもってなされる傾聴と，変化に関連している強さ指向のキーワードを反映させるこの過程については1章で紹介しています。そこで取り上げた解決志向の技術である，**聴き，選び，そして築く**を思い出してください。さらにかみくだいていえば，生徒が話すときには強さと解決に耳を傾け，彼らの話に好奇心をもち，進歩や変化について質問をし，目的をもってそれを増幅する，ということです。意味を協同構築することがいかに会話でうまく機能し，ラポールや意味ある変化を促すかを理解するには次の例が役に立つことでしょう。生徒のたび重なる遅刻についての，教師と生徒の会話を取り上げましょう。

生徒：「私は学校に時間どおりに来ようと，前よりも頑張っているんです。でも，遅くまで働かなきゃならなくて，どうしても来られないんです。タコベル[3]で働いています。私がいつも店を閉めていて，夜中の2時近くまで仕事が終わりません。それで1時限目を飛ばしてしまいます。本当に疲れていて，そんなに早く来られないだけなんです。請求書の支払いをしなければならないので仕事は辞められません。金銭的に助けてくれる人は誰もいません。少しも寝てません。疲れすぎで目を覚ませないん

---

[3]　訳注：アメリカにあるメキシコ料理のファミリーレストラン。

です」

教師：「店を閉めなくてはならなくて少しも寝ていないのは本当に大変だと思います。疲れていて，1時限目に来るのが大変なのはよくわかります。あなたは時間どおりに来ようと，前よりも頑張っていると言いましたよね」

　ここまでの会話で教師は目的をもって生徒の言い分に傾聴し，生徒の観点を承認し，時間どおり学校に来るという目標の追い風になるような，ある種の変化を示唆する言葉を意識して**選ん**でいます。

生徒：「はい，実は今日，目覚ましを2つセットしました。それが1時限目を欠席することなく遅刻するだけですんだ理由です」

教師：「はい，私もあなたが今日，いつもより早くに来ていたことに気づいていました。あなたは時間どおりに登校したいようですね」

生徒：「はい。時間どおりにここに来たいです。卒業するにはこの授業が必要です」

教師：「つまり，あなたが時間どおりに学校に来るためには，これが大事なのですね。"卒業したい！"ということが」

生徒：「はい。でも疲れています」

教師：「もちろん疲れていますよね。でも同時に，あなたは進んで頑張る努力をしたいように聞こえますし，今日はいつもより早くに来ることができました。私は前にもあなたが時間どおり1時限目に来ていたのを知っています。そのときは時間どおり来るために何をしたのですか」

　ここで教師と生徒は，1時限目の授業を修了して卒業するとの生徒のゴールについて話し合うことで，学校に時間どおりに来るという好ましく思われる方向づけを**構築**しています。教師は解決を**構築**し続けることを目的とした，例外を聞く質問を続けています。

ここに示されているように，生徒と会話し傾聴することを通して，生徒と教師の両者は問題についての全体像を把握し，うまく機能する解決を一緒に見つけることができています。生徒がどのようにして学習するか，どんな苦痛に見舞われているのかなどについての仮定が立てられることは多いのですが，生徒のゴールについての姿を両者が理解して初めて，解決が見つかります。自分自身に何を求めているのかを明らかにするようお願いすることで，生徒は自分のゴールを探り，言葉で表すことができます。自分のことを語るための機会は日々の会話の中でそう多くはありません。だからこそ，それは生徒とのラポール構築の神聖な部分なのです。

　別の例では，変化に向けたツールとして傾聴と協同構築をどのように用いたかについて，ガーザの教師が語っています。

　「ある生徒には一時期，ほぼ毎日，感情を高ぶらせ，学力向上の妨げとなっているようなときがありました。彼女は取り乱し，そして／または泣き出すことがあり，しばしば早退していました。かなり頻繁にあることですが，ほかの選択肢がうまくいかないようなときには，私は彼女のそばに座り，泣き止んだり怒りが収まったりするまで話を聴いていたものでした。これでうまくいきましたが，奇妙にも思えました。なぜならそれは私の役割ではないからです。

　私はカウンセラーではありません。私の仕事は学業です。ですから私は，学業に向かう会話をどうやったら再構築できるだろうかと考え続けてきました。いろいろ考えた結果，まさにこれだと思えたものは，例外探しの質問の“修正”版とでも名づけられそうなものの応用を通して，気分を和らげるのに役立ちそうな方法でした。“これまでに，あなたが自分の感情について書いたことはあったかしら？”。背景情報としては，この生徒はほとんどいつも文章を書く課題への受容性が高いというか，切望さえしていたことです。多分それは私が会ったどの生徒よりも強い傾向のものでした。ほとんどの場合，生徒が行き詰まったり，新しい考えを必要としていたり

したら，ほんの少しの種やひらめきや提案が，たとえそれが何気ないものでも，生徒の目を輝かせ，コンピュータのキーをカタカタ激しく叩き始めさせるきっかけになるでしょう。それがわかっていたので，その生徒が動揺していて，私がそばに座って彼女に必要なあらゆる性質の心遣いや情緒的支援を与えられる時間がなさそうなとき，今どんな気持ちなのかを書いてみる提案をしました。彼女はうなずいて動揺は治まりました。文章を書くことは必ずしも授業と関連しているわけではありません。しかし，それは明らかにエネルギーを学業に向け直す，あるいは転換しているように思われました」

　この例で，教師は生徒のもつ，感情を表現したいという欲求と書こうとする意欲とを統合しました。生徒のそばに座り込んで話をする時間がとれないときは，かわりに生徒の話を傾聴することで見つけた生徒の強さと生徒自身の解決を用いて，教室での自分の感情をコントロールするのに，より好ましい方法へと導くための課題を協同作成しました。

直線的ではない変化の過程

　変化は直線的ではなく，いつもうまく運ぶものでもありません。この直線的ではない過程は生徒や教師を苛立たせることがあるでしょう。教師が生徒の成功に興奮し，彼らが期待に応えられなかったときにがっかりするのはとても自然なことです。こうした難しい状態のときには，教師は自らが受けた専門的訓練を信頼し，仕事以外の場で自分のケアをすることが大事です。例えば，あるガーザの教師は生徒との関係が難しい状態にあったとき，コンプリメントと気持ちの面でのサポートで関係を新しい方向に作り変えたと語っています。

　「私は可能なかぎりいつでも前向きなフィードバックを返すようにしています。これは思ったよりやさしいことではありません。もち

ろん，前向きな行動に前向きなフィードバックを返すのは簡単です。しかし，生徒の行動がすべて前向きということはありません。それは思いがけず興味をそそる挑戦でした。生徒の行動の大部分は前向きです」

　生徒が前進に向かって取り組んでいなかったり，その意欲がなさそうだったりするときもあるでしょう。そんなときは忍耐と強さに基づくアプローチが重要になります。ある生徒が出席はするものの，かろうじて宿題を提出する程度なら，出席していることに焦点を合わせることが大事です。もし10代の若者が授業をさぼろうと思えば，そうするのは十二分に可能なことです。しかし生徒が出席しているとき，それはある特定の授業に出たり，学校にいたりすることで得られるものがあることを示しています。このような状況では，生徒が授業から得ているものを特定し，それを強化することが大事です。

関係構築が成し得ることの例

　ジェイソンは取り乱した様子で教室に入ってきました。彼は気が散っていて，ふさぎ込み，明らかに勉強に取り組む気分ではなさそうでした。通常，教師は彼を注意散漫の状態から引き戻そうとしていましたが，その日，チョプラ先生は，この授業以外でジェイソンが何に苦労しているか多少情報を持っていたので，少し優しく見ていました。チョプラ先生はかわりにほかの方法を試してみました。
「ジェイソン，君には今日が期限の詩の課題がありましたね」「でも君は混乱し，取り乱しているようですね」「私はほかの生徒が作業を始めるのを手伝うので，その間に準備するといいですよ。そのあと，あなたの席に行きますから」と先生は言いました。
　チョプラ先生は，ジェイソンから言葉には表さないもののおおむね同意した反応を受け取りました。10分ほどしてチョプラ先生はジェイソンの様子を見に彼の隣に座りました。

　すぐジェイソンに課題を始めさせようとするかわりに、チョプラ先生は自分の気持ちや苛立ちについて話すように促しました。

「今、教室でどんな気分ですか」と彼は尋ねました。

　ジェイソンが自分の苛立ちや気持ちについて話し始めると、チョプラ先生は驚きました。彼は学校外での状況について話し始めましたが、不安定な生活、彼が家で目にする家庭内暴力についての話もありました。そしてジェイソンは生活面での苛立ちが教室での苛立ちをどのように拡大させているかに話をつなげ始めました。学校での課題で何が問題なのかを自分で明らかにし続けました。そして自分は学習障害のようなものではないかとの悩みを口にしました。

　チョプラ先生は、ジェイソンが今はゴールに向かって取り組む意欲を感じていないとわかりました。そこで、ジェイソンに例外を探すように言いました。

「今は、あなたが学校に苛立ちを感じていることがわかりました」続けて先生は尋ねました。「では、あなたが学校でうまくいっていると感じるときはいつですか」

　例外を尋ねる質問への答えは、自然とジェイソンから出てきて、彼が自分自身をどう思っているかが明らかになりました。

「何かをやり終えるときは気分が良いです」と彼は答えました。「課題を終えたり単位を取ったりするときです。その途中、達成していないように感じる間は落ち込みます」また彼はこういった困難を抱えていなかったときについても思い出しました。「私は読むのは好きです。でも読んだことをレポートに書く課題は苦労します」

　この発言はジェイソンのラーニングギャップ[4]を反映していました。のちにチョプラ先生は次のように述べています。

　「彼は書くこととなると困難を感じてしまうようです。文法をしっかり把握していて、語彙力もそこそこあり、すべきことについては

---

[4]　訳注：学習した内容と、すでに学んでいるべき内容の差。

よくわかっています。でも，簡単な質問に具体的な答えで答える以上の何かを書き記すことを求められると強い不安と苛立ちを感じるようになります。彼は数学や理科の課題にはこのような問題はないと言っていました。特に数学ではそうです。数学には正解がありますからね。そこには従うべき公式があって導いてくれるので，何をするかがわかります」

　突然，チョプラ先生は圧倒的な興奮の感覚を覚えました。これが「ああ，なるほど！」と思うアハ！体験の瞬間です。それまでチョプラ先生は，ジェイソンに「何を書くか悩む必要はない。ただ"書いてみれば"いい」と言うことで励まそうとしてきました。しかし今やチョプラ先生は，「やってごらん」とジェイソンに声掛けすることは，どこから手をつけてよいかわからないジェイソンを途方に暮れさせることに気づき始めていました。

　チョプラ先生は，ジェイソンに提案する解決策を探し始めました。のちに彼はこう語りました。「自由な回答形式の課題は彼の苛立ちを高めることになると思いました。この形式では彼にとってあまりに曖昧だからです。これでは彼の問題を解決できないと思ったのです。彼は案内を求めているんだと」

　チョプラ先生はジェイソンに，もし数学の公式のようなガイドラインとして彼が書くべき詩のひな型を提供したら，それは役に立つと思うか尋ねました。ジェイソンは「はい」と答えてやってみる気になりました。チョプラ先生は従来の使い慣れた資料を印刷し，それからジェイソンに指示内容と例をひととおり説明しました。説明が終わるとジェイソンは早速ガイドラインを使って詩を書き始めました。

　授業の終わりの時点でジェイソンは詩を書き終えてはいませんでしたが，これまでチョプラ先生が見てきた，ジェイソンが長い時間をかけて書いたものよりも多くの内容を，授業の終わりの5〜10分で書いていました。ジェイソンは，本人も気づかないうちに"解決（のかけら）"を見つけるとともに，チョプラ先生に今の彼の学業状況と向

き合う機会を与えたのです。会話はいろいろな意味で有益でした。チョプラ先生はジェイソンの生活がどうなっているかについて彼の観点から学び、また国語の授業と同様に、広く課題についてのジェイソンの思考過程と苛立ちに対する洞察を得ました。最後にチョプラ先生は、ジェイソンが彼自身の解決に到達したのを見ただけでなく、彼が問題についてはっきりと語り、自分で主張する姿も目にしました。

覚えておくべきキーポイント

- ■ 生徒と教師の関係はいかなる変化においても有効に働く要素です。その変化には学業,情緒,発達のあらゆる成長が含まれます。
- ■ ラポール構築は形成可能なスキルです。教師がそのスキルを伸ばすには解決志向の技術が役に立つでしょう。
- ■ 解決志向の関係構築技術には生徒中心であること,強さに基づくこと,現在・未来志向であること,生徒自らにゴールを定めさせること,そして生徒自らがその進歩を測ることが含まれます。
- ■ 生徒中心であるとは,教師がこうあるべきと描く関係を生徒に期待するのではなく,むしろ生徒の現在の状況に向き合うということです。
- ■ 強さに基づくアプローチには生徒の強さを積極的にそして意識的に見つけることが求められます。
- ■ 生徒がゴールや進歩について用いる言葉を傾聴することは,さらにあとでゴールについての会話を再開する早道です。スケーリングクエスチョンは生徒の言葉を鏡のように映し返すために特に役立つ可能性があります。
- ■ 生徒の成長は直線的なものではありません。一般的に成長は3歩進んで2歩下がるものであり,ときには横道にそれることさえあります。

まとめ

　生徒が前進するためには生徒と教師の間の強固な関係が築かれる必要があります。本章では，解決志向オルタナティブスクールに不可欠で習得可能なスキルであるラポールの構築の重要性について詳しく探りました。解決志向の関係構築技術は様々な生徒に対して効果を発揮します。ここでの技術は生徒にとって有益なものではありますが，また同時にストレスを感じたり，生徒から拒絶されていると感じ始めたりした教師とすべての職員にとっても助けとなります。本章ではこれらの技術を用いる一方，生徒中心に関わり続けること，またそれを強さに基づいて継続することの重要性について述べています。加えて，進歩は直線的ではないこと，前進と後退がたくさんあることを読者に思い出していただきます。生徒との関係においては，忍耐強さと一貫性を保つこと，そして生徒のゴールに向かって関わり続けることが必要不可欠です。

参考文献

Dejong, P., & Berg, I. K. (2012). *Interviewing for solutions*. Belmont, CA: Cengage Learning.

Franklin, C., & Hopson, L. (2009). Involuntary clients in public schools: Solution focused interventions. In R. Rooney (Ed.), *Strategies for work with involuntary clients* (2nd ed., pp. 322-333). New York, NY: Columbia University Press.

Franklin, C., & Montgomery, K. (2014). Does solution-focused brief therapy work? In J. S. Kim, *Solution-focused brief therapy: A multicultural approach* (pp. 32-54). Thousand Oaks, CA: Sage Publications.

Ryde, J. (2009). *Being white in the helping professions: Developing effective intercultural awareness*. London, UK: Jessica Kingsley Publishers.

4章

成功のためのゴール設定・前向きな期待・前向きな感情

まずはこの話から

　マルチネス先生[1]は解決志向オルタナティブスクールのゴンザーロ・ガーザ独立高校（以下，ガーザ）で教職に就く前は同じ学区内のいくつかの公立校に勤務していました。ガーザに来る前，マルチネス先生は教えることに愛情を持っていましたが，何人かの生徒とは関わるのが難しいと思っていました。というのは彼らが学校の外で抱える問題に対処するのを助ける用意が自分にはできていないと感じていたからです。彼女は"ホームレスの子どもや里子の子どもをどうやって助けたらいいんだろうか""私がコントロールしたり変化させたりできないことがたくさんあるとき，どうやって彼らを授業に集中させたらいいんだろうか"と悩んでいました。マルチネス先生は解決志向アプローチについて耳にし，もっと生徒の役に立てるようになれると信じてガーザに移りました。つまり，生徒の解決構築ができるという考えが彼女に新しい目的意識や希望を与えたのです。

　マルチネス先生が面接のためにガーザに足を踏み入れると，廊下に

1　本章で提示された事例は，オルタナティブ高校に通う生徒への研究目的の面接や，これらの生徒と取り組んだ職員の経験から採られています。当該の生徒に対する守秘義務のために，氏名や一部の情報は変更されています。これらの面接の一部は，テキサス大学オースティン校メンタルヘルスのためのホッグ財団（Hogg Foundation for Mental Health）の手厚い支援により可能となりました。

展示された生徒の絵画作品に気がつきました。そして生徒がパンク風やちょっと変わった洋服を着ていたり，教師が微笑み，リラックスして楽しそうな態度で廊下を歩いていたりするのにも気がつきました。これは，厳格な服装規定を持つ前の学校とは歴然とした違いでした。前の学校での教師はストレスを感じている表情を見せることがたびたびあり，廊下は無人でした。彼女がガーザで教え始めると，そこではこれまでとはまったく違った形で教師と生徒が会話を行っていることが明確になりました。さらには教師，親，カウンセラー，管理者が互いにとても協働的で，積極的にコミュニケーションを取り合っていました。彼らは穏やかで友好的な態度を示しつつ，互いに声をかけ合い，認め合っていました。彼らは，日々のゴール，前に向かう小さな歩み，そしてそれぞれの生徒がどうやってすぐに進歩できたかを話し合っていました。

　こういった会話はこれまでの職場でのものとは著しく対照的なものでした。以前の職場では数学の教師チーム以外，校内の専門家と話し込むことはなく，話したとしてもすぐに悲観的な会話になったり，皮肉のこもった見方になったりしていました。マルチネス先生はガーザで生徒との難しいやりとりにたくさん直面しましたが，——前の高校での経験よりも多いくらいでしたが——，生徒個人のゴールに関わる方法，穏やかで希望を失わずにいられる方法，変化への前向きな期待を創り出すように生徒と話す方法を学びました。マルチネス先生は圧倒されたというよりも，むしろ次のような感じだと語りました。

　「今，私は焦点が定まった感じです。こういった生徒を卒業に向けて支援する方法を理解しています。彼らと話す方法，助ける方法を理解しています。以前の私は気になってしまう対象範囲が大きく，影響を及ぼせる範囲はほとんどゼロでした。今は，気になる対象範囲と影響を及ぼせる範囲はより近いものになっています。生徒がゴールを定めたり，私に敬意を持ってコミュニケーションをとったり，成功するのを助けることができています！」

はじめに

　希望といった前向きな感情を支援する方法と同じように，ゴール設定の仕方や成功に向けた前向きな期待の持ち方を知ることは，解決志向ブリーフセラピー（SFBT）の変化のプロセスにとってとても重要です（Kim & Franklin, 2015; Reiter, 2010）。ゴール作りについて話すことは，生徒が自分は何を求めているか，前進するには何が必要かを考える経験を生み出します。前進する歩みを想像することは，より前向きな未来に導くことができる行動を明確にし，実行に移す助けとなります。希望に満ちた会話は前向きな感情を作り，何が可能かについての見方を変える助けとなります。前向きな感情は注意力，創造性，問題解決力を向上させ，新しい経験に心を開かせ，苦難を乗り越える道筋が見えるようにすることが示されてきましたが，その一方，後ろ向きな感情は問題解決を制限したり，引きこもりや防衛的な反応の仕方を促進したりする可能性があります（Fitzpatrick & Stalikas, 2008; Garland et al., 2010）。数多くの研究で，成功への期待は学業面での達成を予測することが示されています（Pekrun, 2016）。また，前向きな期待は学習のプロセスを促進し，教師の生徒を見る見方や生徒への影響力に変化をもたらす可能性があります（Alderman, 2004）。本章では解決志向オルタナティブスクールで危機的状況にある青年と前向きな感情を育てることはもちろん，ゴール設定と成功への前向きな期待を生むことの重要性について取り上げています。さらに，ゴール，成功への前向きな期待，前向きな感情を，オルタナティブ高校への入学を控えた生徒と一緒に，どのようにして戦略的に作り上げることができるか，そして教室での生徒との日々のやりとりにおいて継続していけるかも示しています。

ゴール設定

　ゴールや未来志向の期待は，解決志向のオルタナティブスクールの

中で生徒，親，職員の間の会話を活発にします。生徒や家族はこの学校でどんなことが実現してほしいと思っているのかを話すように求められますが，この会話の目的は個々のゴールを設定することや，前向きな結果への期待を高めることにあります。入学希望者は予約を取り教務課の担当者と一人ずつ面談します。この担当者は協働的なゴール設定の流れに沿って生徒や家族との関係づくりを始めます。

　解決志向ブリーフセラピーにおけるゴール設定は，学校職員によって設定され伝えられる終点ではなく，生徒が目にしたい特定の結果を反映したものです。ゴールは小さく，達成可能，測定可能なもので，生徒が日々の学校生活で起こってほしいと思うことを具体的に示したものです。ゴールは変化のプロセスの始まりであって，達成すべき終点ではないと考えられています。初めの段階で形成されたゴールは，大きな望みであり，夢として語られることすらあるでしょう。大きな望みであるゴールへの歩みは，時間をかけて慎重に考え抜き，生徒にとっての現実的ですぐに取り組める“行為としての歩み”に向けて会話の中で話し合わなければなりません。ゴールに向かう“行為としての歩み”は，「誰が，何を，いつ，どうやってするのか」という質問に答えられるぐらいに具体的である必要があります。ゴールに向かう歩みは多くの場合，人との間で起こることか，または，生徒も含めて他の人たちができることを必然的に含むので，私たちはこの“行為としての歩み”を“**社会的行為としての歩み**”と呼びます。

　ミラクルクエスチョンの考え方は1章でも紹介しましたが，ゴールを発見するひとつの方法であり，生徒に対し，学校での問題が改善したら自分の生活がどんなふうに違っているかを詳細に説明する方法を提供するものです。教師や職員はミラクルクエスチョンを用いた会話を次のように始めるでしょう。

　　「では，こんな想像をしてみてください。あなたが話したすべての
　　教育上の問題［何が問題なのか，生徒自身が語った言葉で話す］が
　　今晩寝ている間に消えてなくなります。でもあなたは眠っているの

でそのことに気がつきません。あなたが目覚めて最初に違っていると気がつくことは何でしょうか」

　生徒に話を理解してもらうには多少の忍耐力が必要でしょう。しかし，この種の質問は何が違っていてほしいのか，そしてそれがどのようにして起こりえるのかを生徒が思い描いたり，説明したりする助けとなるでしょう。例えば，時間どおりに学校にやってくるのに苦労していたある生徒は次のように話しました。「時間どおりに学校に来るのに間に合う時間にベッドから出るでしょう」と。それが生徒のする必要があることでした。教師は続けて，それがどのようにして起こるかを取り上げた一連の質問をしました。例えばこんな質問です。もしその生徒の起床を手助けしてくれそうな人がいるとしたら，それは誰でしょうか。その奇跡の中のどんな小さな歩みがすでに起こっているでしょうか。奇跡が起きるとほかにどんなことが違っているでしょうか。その変化に誰が気づくでしょうか。

　生徒はミラクルクエスチョンへの答えをじっくり考えると同時に，社会的行為としての歩みに関連する回答や，時間どおりに学校に来るというゴールを達成する上で助けとなりうる別の対応策を話しました。また，彼は時間どおりに学校に来ることができていた過去の成功についても話すことができました。それにより，彼がすでに持っているスキルや能力が強化されました。ガーザのある教師が，独自のミラクルクエスチョンを用いて受け持ちの生徒を援助した例について話してくれました。

　　「私はカルメンに，もし彼女の進歩を妨げているものすべてが取り除かれたら，その理想的な状況はどんなものでしょうかと尋ねました。彼女は自分のスケジュールが違って見えるだろう，よく見えて，文字が読みやすくなるメガネを掛けているだろうと言いました。話し合いから間もなくすると，すでに彼女はスケジュールを変更しメガネを掛けていました」

スケーリングクエスチョンでは通常 0 ～ 10 または 1 ～ 10 の尺度上に，自らの経験を位置づけるよう生徒に求めます。スケーリングクエスチョンをゴール設定に用いることで，問題を位置づけ，ゴールに向けて前に進む方法を考えるのに役立てることができます。例えば，スケーリングを使用する最初の段階は，10 を問題を解決された状態，1 をこれまでで最悪な状態として，生徒が自分の言葉で話した問題や困りごとが尺度上のどこに位置するか，できるだけ正確に表現することです。いったん，この尺度で自分のことを評価したなら（例：4 と評価する），それから続けて，次の数（例：5）に進むには何が必要だろうかと生徒に尋ねます。

　次の数になるには何が起こる必要があるのかを話し合うことで，ゴールに向けた歩みを目に見える形にして話し合う，解決構築の会話をする機会が得られます。ミラクルクエスチョンを先に行ってから，続けてスケーリングクエスチョンを関連させて質問することでスケーリングに組み込むことも可能です。スケール（尺度）が確立したら，こんなふうに言うこともできます。「奇跡の一部がすでに起きていると想像してみてください。どうしたら，このスケールで次の数に進めるでしょうか」と。あるガーザの教師は，クラスの二人の生徒にスケーリングクエスチョンをどのように用いたのか，例を示してくれました。

　「私はテレサとオリビアに，集中力を高めてもっと生産的になるという共通のゴールでどんな歩みを進めたか尋ねると，二人はたった 1 週間で 1 から 10 の段階へと，とてつもない進歩をしたと答えました。授業の初めにゴールを紙に書き，目に見える形でスケーリングしたことは，二人がどれくらい前進しているかを明確にする助けとなりました。その後，私は彼女たちが別の方略により授業での計画を最後までやり通すのを見守りました」

　ゴールはまた，生徒にとって具体的でなくてはいけませんし，自己決定される必要があり，学校職員と協働して作られるものです。次の

例は教師が過去を振り返って語ったガーザでのケースです。この例で生徒は会話の中でゴールを設定することを求められていますが，多くの生徒同様，その生徒は教師から何をすべきか指示されることに慣れていました。この例で，生徒は一緒に自分自身のゴールを設定するよう促されます。そして，この会話において教師は解決志向の質問，ミラクルクエスチョン，スケーリングクエスチョン，例外を探す質問を用いて，ゴールが自分のものであるという感覚を高めています。

教師：「ガーザの一員となった今，絶対に卒業するために，何が起こる必要があると思いますか」

生徒：「わかりません。それは先生が教えてくれることなんじゃないですか」

教師：「あなたの学業成績を見ましたが，あなたこそが自分の人生を最もよく知っているし，卒業のためにここで何が起こってほしいか，わかっているはずです」

生徒：「私は数学が苦手です。数学で落第しました。この授業をやり抜けるか心配しています。数学のせいで卒業できないのではないかとずっと思っていました」

教師：「わかります。それであなたはここで数学を修了［生徒のゴールの言い換え］したいのですね」

生徒：「ええ。この学校では特別な支援が得られると聞いています」［生徒のゴールと生徒が求めていることの精緻化］

教師：「はい，あなたが授業を受けて，頑張っている限り落第することはありません。あなたは，今の自分の状態から始めて，そこから前に進んでいくことになります。いかがですか」

生徒：「いいですね」

教師：「教えてください，過去に数学でうまくやれたときはありませんでしたか。[ほんの]少しでもいいのですが」［例外探しの質問］

生徒：「数学は大嫌いです。良かったときはありません」

教師：「よく考えてみてくれますか。少しはうまくやれたときがあっ

たに違いないと思うんですが」

—— （長い沈黙）——

生徒：「まぁ，9年生のときの先生は私が数学を修了できるように助
　　　けてくれました。"不可"になりそうだと思っていました。す
　　　べての試験で失敗していました。彼女は私が"可"を取れるよ
　　　う手助けをしてくれました。でもほかの生徒みんなには，その
　　　補習が簡単に思えたようです。それは，できない子向けのよう
　　　なものだったからです。でも私はそれでも大変だと思いました」
教師：「では，さらにもう少し助けを得て修了できたんですね」
生徒：「はい，助けが必要でした」
教師：「それができたのはよかったですね。助けがあってもできない
　　　生徒はいますから。そうなれるように前の先生と一緒に頑張っ
　　　たに違いありません。［コンプリメント］あなたには，自分は
　　　数学ができると信じられるようにもっと自信が必要なようです
　　　ね」
生徒：「はい，それが助けになるだろうと思います」
教師：「ではそれがゴールですね。数学を修了するためには，もっと
　　　自信を持てるようにならなければならないことです」
生徒：「はい」
教師：「ではここでちょっと数学を始めてみましょう。1から10の尺
　　　度で，今現在，このガーザで必要な助けが得られて数学を修了
　　　する自信はどれくらいありますか」［自信を測るために尺度を
　　　用いる］
生徒：「わかりません」——（沈黙）——「たぶん，5です」
教師：「素晴らしい。もう半分まで来ているんですね。では1つ上の
　　　6にはどうやったらなれますか」
生徒：［ぽかんとした顔つき］——（沈黙）——「それは先生が教え
　　　てくれることでは」

教師：「そうですね，おそらくもっとあなたのことを理解したら何か
　　　いいアイディアをお話しできると思います。でも，あなた自身
　　　のことや何が助けになるのかはあなたが知っているでしょう」
生徒：「前の先生が私にやり方を教えようとしてくれたときには，助
　　　けになりました。ときどき正解することもあるのですが，どう
　　　やったのかはわからないのです」
教師：「私の理解が正しいか確認させてください。あなたは教師に数
　　　学をどう解くのかの道筋を示してもらいたいのですね。そして
　　　そうなるとあなたはもっと自信が持てるだろうと」

　この例からおわかりのように，ゴール設定は生徒と教師，あるいは
生徒とほかの職員との間の会話の流れの中でなされていきます。また
ゴールは，生徒の日々の学業上の進歩に組み込まれていなければなり
ません。解決志向のオルタナティブ高校，ガーザでの在学中，学業上
の流れ（プロセス）の責任は教師と生徒の間で共有されます。すべて
の生徒は高校を修了するための大きなゴールを持つことから始め，次
に，そうなるために必要なことを個々に検討します。解決志向高校の
教師は，教師と生徒の間で作られた個別のスケジュールに沿って動い
ていきます。
　教師は生徒の平均的なニーズに基づく学業上のゴールを押しつけな
いようにします。その代わりに，自身の能力についての生徒個人の見
方に基づき，本人が役に立つと思っていることを尋ねます。教師は参
考までに平均的な枠組みを提示するかもしれませんが，それは単に協
同で意思決定を行うための基盤であってルールではありません。もち
ろん，特定のスケジュールに沿って要求される作業に対して，あるゴー
ルに到達しなかったり一連の期待に応えられなかったりすれば，やは
り重大な影響がでてきます。そういったゴール設定はたいていの学校
で生じますが，明確な違いは個々のゴールとゴール達成についての継
続的な確認作業（Check-in）の会話や解決構築の会話にあります。教
師と生徒の双方が，解決志向の会話の中でゴールを設定し，何がうま

くいっているのか，何が違っている必要があるのかを話し合って，進み具合を評価します。ガーザではSMART^{2}方式のゴールを採用しています。これは行動に基づいた具体的なものであり，SFBTでのゴール設定の取り組みと同様のものが含まれています。SMART方式のゴールを設定するためには，生徒と教師が**具体的で，測定可能で，実現可能で，現実的で，時間的制約のある**ゴールを設定する必要があります。SMART方式のゴールは学業を修了して卒業するうえでのゴールを設定するために学科科目にかかわらず用いられます。教師と生徒の双方は，解決志向の会話を通じて，こういった書式のシートを埋めていきます。ガーザで使われるSMART方式のゴールシートにはすべての学科科目が含まれており，生徒が課程を履修し（願わくは）予定どおりに卒業するために必要なことを生徒，教師，ほかの職員が思い描く際の助けになります。SMART方式のゴールは，つねに心に留めておくためにあるのではなく，卒業に向けた歩みを正確に測定するための先導ツールとして用いられます。生徒と教師の双方が気軽にゴールシートを見ることができ，うまくいっていることは何か，必要な他の歩みは何かを話しあうことができます。表4-1はSMART方式の目標シートの例です。

　ガーザの教師は生徒とのやりとりを，日々の確認作業（Check-Ins）を通して，ゴール達成に向けた人間関係と協力関係を構築することの重要な一部だとみなします。先に述べたSMART方式のゴールシートは評価基準としても使えるでしょう。スケーリングクエスチョンは，こうした日々の確認作業の中で，教師が進捗を確認し，前進に向けた新たな歩みを思い描くためにも用いられます。例えば，教師は生徒にこのように尋ねるでしょう。「卒業に向けた進歩を測る1から10の尺度で，10が明日にも卒業だとしたら，今の進み具合はいくつでしょうか」。もし生徒が一貫して2としていたなら，その生徒は希望を感

2	訳注：S = Specific 具体的な，M = Measurable 測定可能な，A = Attainable 実現可能な，R = Realistic 現実的な，T = Time Sensitive 時間的な制限のある，の意。

表4-1　SMART方式の目標確認作業（Check-Ins）シート

生徒の氏名：ジェーン・ドウ　生徒のID番号：1369465

時限	科目	教師	進行状況 各項目が修了したら塗りつぶす			開始日	備考	イニシャル
1	国語3A	リース	A	B	C	7月14日		CR
2	数理モデルA	ナナリー	A	B	C	7月14日		RN
3	美術II	アンドリュース	A	B	C	7月14日	良くできました ☺	DA
4	物理 Pre-AP[3]	ハワード	A	B	C	7月14日	助けを求める必要あり	NH
5	アメリカ史A	ヴァレンシア	A	B	C	7月14日	ゆっくりと	BV

2016-2017　6週間　1st = 8/22-9/30　2nd = 10/3-11/10　3rd = 11/11-12/20
4th =1/4-2/14　5th =2/15-4/7　6th =4/10-6/1　7th =6/12-7/27

-------------------------　ウジャマー[4]で成し遂げること　-------------------------

SMART方式の目標を作る（S = Specific 具体的な，M = Measurable 測定可能な，A = Attainable 実現可能な，R = Realistic　現実的な，T = Time Sensitive 時間的な制限のある）

どんな課題，単元，コースであれば10月21日（秋休みに入る前の金曜日）までに終えることができますか。
・美術の修了
・アメリカ史AのAブロックをやり終える
・ハワード先生とPre-APレベルの物理から通常の物理のクラスに移ることについて話をする

11月18日（感謝祭前の金曜日）までに何を成し遂げる計画を立てていますか。
・予定を変更する
・国語を修了する（順調に続けるためのゴールを設定する）
・数理モデル　ブロックCを始める

12月9日（GPA[5]評価や上級レベル［senior status］に上がるための課題の提出期限）までに何を成し遂げる計画を立てていますか。
　私が今のまま順調に進んでいくには，12月までにこれらの1学期のコースをやり終えなくてはなりません。ヴァレンシア先生やリース先生が2週間ごとにゴール設定に取り組んでくれています。ときどき出席率が問題になることがあります。それは家での暮らしのせいですが，学校のことに注意を向け続けようと努めています。

---

[3]　訳注：高校で行われる，大学レベルの授業であるAPの事前入門的な授業。

[4]　訳注：生徒にとって自分が支えられ，家族の一員だと感じられる少人数のチームのこと。ウジャマーとは，本来スワヒリ語で「家族の絆」の意。

[5]　訳注：Grade Point Average 評定平均のようなもの。

じていないことを教師に示しているのかもしれません。さらにゆっくりとした進歩を示している生徒にとっては，行動についてのスケーリングより前に，意欲についてのスケーリングをすることが彼らの進歩や意思をコンプリメントするひとつの方法です。結果的に，1から10の尺度で（1が"今それほど頑張って取り組む準備ができているか不確かな状態"，10が"春の卒業に向けて歴史を予定どおりに修了するためなら何でもする"として）「今日のあなたはいくつですか」と教師は尋ねるかもしれません。このようなスケーリングクエスチョンを用いて教師は教師から見た進歩についての考え方ではなく，進歩や意欲についての生徒の見方に気づくことができます。生徒が自ら立てたゴールにみごと到達したときには，生徒が成し遂げたことを教師はコンプリメントします。コラム4-1では，ゴールについての解決構築の会話で，教師が生徒とどのようにやりとりしているかが示されています。

コラム4-1 教師と生徒の日々のやりとり

　サラはウィリアムズ先生の教室に入ったとき，しかめっ面をしていました。彼女の服装は前の日と同じでした。目の下の皮膚も黒ずんで見えました。彼女は空いている席に座り机に頭を突っ伏しました。ほかの生徒は皆，机に向かってそれぞれの課題に取り組んでいました。ウィリアムズ先生は，教室の中を歩いて回りながら，ときどき立ち止まっては生徒一人ひとりをチェックしていました。先生はサラの席に来ると，椅子を引き寄せて話し始めました。

ウィリアムズ：「おはよう，サラ」

サラ：　　　「もうっ！　話したくありません，ウィリアムズ先生。今朝はベッドから出るのがやっとでした」

ウィリアムズ：「朝起きて一日に向き合うのは大変です。ここに来てくれてありがとう。毎日学校に来るのはたやすいことで

はないと思います。でもこの2週間，あなたは毎日やって来ましたね。大したものです。そのことをわかっていてほしいのです」

サラ：　　　　「いつもとても悲しくて，よくなるとは思えません。うつが改善していません。ここでも進歩していません」

ウィリアムズ：「どんなところで，自分自身が向上していると感じますか」

サラ：　　　　「母と私の関係はいい感じだと思います。母は私がここに来るのをほんとに助けてくれます。私は母が喜ぶと思ったから，今日ここに来ただけなんです」

ウィリアムズ：「お母さんは正しいですね。ここに来ることが最初の一歩です。先週のあなたのゴールは毎日学校に来ることでした。そしてあなたはやり遂げました。そのゴールにあなたは達しています

サラ：　　　　「そうですか」

ウィリアムズ：「はい，そうです。あなたはここ，ガーザに入学したばかりですが，すでに最初のゴールを達成しています。次の自分のゴールは何だと思いますか」

サラ：　　　　「課題図書から始めることです。ただ読むだけなら私にもできます」

ウィリアムズ：「どれくらい読むことができそうですか」

サラ：　　　　「半分です。半分ならできます」

ウィリアムズ：「わかりました。そのことを書き留めておきます。あなたは前に進んでいますね。いつもそんなふうに感じられるとはかぎらないかもしれないけど進んでいます。あなたが毎日学校に来ているのはわかっています。あなたが取り組んでいることもわかっています。あなたが頑張っているのを知っていますよ」

サラ：　　　　「はい，ありがとうございます。私はほんとに頑張っています」

この会話でウィリアムズ先生は，コンプリメントと例外に関する質問を用いて，ゴールに向けた進歩に対する生徒の認識を増幅させています。このサラという生徒はガーザに入学したばかりで，大うつ病性障害（MDD）と診断されていました。その症状のため彼女は従来の高校でやっていくのが困難になり，母親との関係も緊迫していました。サラのガーザへの入学は彼女だけでなく母親にとってもホッとするものでした。①学校に来ることと②課題図書を読むことは小さなゴールのように見えるかもしれませんが，サラにとっては卒業に向けた重要な歩みでした。この例でウィリアムズ先生は関係性に関する SFBT の中核的な有用性を重んじました。つまり，生徒の現在の状況と向き合うことです。

成功への前向きな期待と前向きな感情

　解決志向オルタナティブ高校では，登校初日を迎える前から，成功への前向きな期待と前向きな感情を生徒の経験に統合する試みを開始します。生徒は入学が認められると，これから自分が特別な，ある意味，エリートのコミュニティの一部になることを告げられます。この種のコミュニケーションによって，生徒の見方や前向きな感情が形作られ始めます。まさに最初から，そして意図を持って丹念に組み立てられた会話を通じて，管理者，教師，カウンセラー，そのほかの職員は，生徒がこの学校に通うと決断した際の希望および目的意識と運命感についてやりとりすることにより，生徒の教育面での成功への期待感を高めます。

　これを実行するひとつの方法は，生徒が学校に通うと選択したことをコンプリメントすることと，入学を許可されて素晴らしいと思っている様子を示すことです。職員はこう言うかもしれません。「ここに合格したんですね，まぁ！　そう簡単にできることではないですよ」と。1章で説明したとおり，SFBT におけるコンプリメントは前向きな特質を称賛したり，指摘したりすることに留まりません。一般的に，

コンプリメントは生徒が自分自身の能力を認識するのを助け，自分自身についての見方を変えるために戦略的に用いられます。またコンプリメントは，生徒が学業を修了するためのゴールに向けた意欲や，過去そして現在の努力を際立たせるために用いることも可能です。同様に，粘り強さや対処能力等の特性がこれまでどのように生徒の助けとなってきたかを指摘するのにも用いることができます。例えば，職員は生徒が前の高校からの依頼に従って，頑張って面接を受けにきたことをコンプリメントすることも可能です。間接的なコンプリメントもできます。例えば，職員は「順番待ちになることもあるのに，面接を受けることができて，よかったですね」「来ようと決断したきっかけは何ですか」とか，「ここがあなたにふさわしいと判断したきっかけは何ですか」と聞くこともできるでしょう。こういった，生徒が自ら成し遂げたことを話すように職員が導く質問をするこの種の会話は，生徒が自ら成し遂げたことに誇りを持ち，成功への希望に満ちた期待を自ら高める助けとなり得ます。このことはガーザのカウンセラーが過去に遡って記述した次のような会話の例で示されています。

カウンセラー：「では，教えてください，得意なことは何ですか」

生徒：　　　「美術です。ペンや筆で絵を描くことがほんとに好きです。でも，美術ならほかにもできることはたくさんあります」

カウンセラー：「では美術で一番得意なのは？」

生徒：　　　「ペンで描くことです」

カウンセラー：「何を描くのが好きですか」

生徒：　　　「説明が難しいですね。抽象的なイメージやアイディアです。色をたくさん使うのが好きでストリートアートも好きです。タトゥーを描くのも好きです」

カウンセラー：「わぁ！　では，アイディアやボディーアートのイメージを描くのが得意なんですね」

生徒：　　　「そう思います。そうなりたいです。コンテストで受賞

　　　　　　　　したことも何回かあります」

カウンセラー：「コンテストで受賞したこともあるんですね。知りませんでした。ええと，あなたは美術が得意なようですね！あなたがこれまでで，自分のことを芸術家だと思えるきっかけとなった最高の出来事は何ですか」

生徒：　　　　「去年，州のコンテストで優勝して，地域のコンテストで選外佳作賞をもらったことです」

カウンセラー：「ではそのことが，あなたが美術が得意であることをまさに物語っているんですね」

生徒：　　　　（笑顔でうなずく）「はい，美術が好きです」

カウンセラー：「ではほかには誰が，あなたが美術が得意だと感じているでしょうか」

生徒：　　　　「前の学校の美術の先生が私は上手だと言っていました」

カウンセラー：「もちろんですね！　前の先生は自分の生徒の中にある才能を認めているんですね。ほかには？」

生徒：　　　　「私がタトゥーを描いてあげた先生と友だちみんなです」

カウンセラー：「そうでしょうね。そしてそれはあなたに自信を与えますよね。美術以外で得意なものは何ですか」

生徒：　　　　「それだけです。主には美術です。ただ美術をしたいだけなんです。シカゴの美術学校に行きたいんです」

カウンセラー：「あなたの行きたい大学はそこなんですね」

生徒：　　　　「はい，そこが私にとって飛び切りの居場所です」

カウンセラー：「何とまぁ！　それは大きなゴールですね。あなたは自分のやりたいこと，何が得意かをすでにつかんでいるようですね」

生徒：　　　　「はい」

カウンセラー：「では，この学校のどんなところから，ここがあなたにふさわしいと思えるのですか」

生徒：　　　　「この学校のあちこちにある美術作品のすべてが好きです。壁画が好きです。この場の雰囲気が好きです。いか

に自分のペースで取り組めるのか。ほとんどストレスがありません。ここなら卒業できると思いました」

カウンセラー：「では，この学校の芸術的な雰囲気が好きで，セルフペースのカリキュラムが好きで，ここを卒業できると信じているんですね。素晴らしい！　あなたはここを卒業できるとどれくらい信じていますか」

生徒：　　　「かなり自信があります。自分のペースで取り組めるから好きです」

カウンセラー：「あなたには履修単位があと 10 必要ですね。1 から 10 の尺度で，美術同様にその単位を取り終えられるという自信はどれくらいですか」

生徒：　　　「う～ん，わかりません。たぶん，7 かな」

カウンセラー：「とても高いですね。どのようにしてそれほどの自信に満ちた状態になりましたか」

生徒：　　　「私がそう感じるのは，この学校に自分が受け入れてもらえたから，そしてこういう学校だからです。私は単位を取れると思います。ともあれ，卒業してシカゴに行けるようになりたいです」

カウンセラー：「ええ，単位を取り終えられるもっともな理由が確かにありますね。この学校があなたにふさわしく，あなたがここを卒業できる自信があると聞いて嬉しいです」

　この例でカウンセラーは，生徒がセルフコンプリメントするのを助けるため，生徒が認識した強さに焦点を合わせることと，間接的なコンプリメントやスケーリングクエスチョンといった SFBT の手法を用いています。この解決構築の会話では，生徒の持つ能力と高校卒業に向けてのコミットメント（責任ある関与）を承認しています。

成功のストーリーを作る
　オルタナティブスクールでは，生徒がほかの人と共有できる成功の

ストーリーを作れるよう職員が助けることが重要です。学校というコミュニティの中で語られる生徒についての前向きなストーリーは，生徒と職員双方がゴールや成功への前向きな期待に意識を集中し続けるのに役立ちます。この種の解決構築型の会話では，生徒が未来についての希望と成功に満ちたストーリーを作れるよう，意図を持って彼らのストーリーを傾聴することが求められます。生徒の強さ，前向きな変化が語られるのではと注意して耳を傾けることで，教師，カウンセラー，ソーシャルワーカー，そのほかの職員は，生徒と，強さや卒業への前向きな期待に満ちた，希望の持てるストーリーを協同構築することができるでしょう。次の例はガーザの生徒と関わるソーシャルワーカーが過去を振り返って語ったものです。ここでは，生徒をめぐる成功のストーリーを生み出す，こうした傾聴と解決構築型の会話の例が示されています。

ソーシャルワーカー（以下，SW）：「さて，あなたがここに来て，最も
　　　かなえたい願いは何ですか」
生徒：「私は妊娠して退学しました。そして祖母が助けてくれていました。私は高校を最後まで終えたいんです。私は卒業するって祖母に言いました」
ＳＷ：「あなたは高校を卒業したくて，ここに来ることでそれが可能になるのですね。きっとおばあさんはあなたのことを誇りに思っていることでしょう」
生徒：「はい，祖母は私がここに受かったことを本当に誇りに思っていると言ってました」
ＳＷ：「きっとあなたも自分のことをちょっと誇りに思っているに違いないですね。なぜって，ここに来るには多くの努力が必要だからです」
生徒：（笑顔）「そうかなって思います。ここに来ることができて本当に嬉しいです」
ＳＷ：「教えてください。どうやったらここに入ることができたので

すか」

生徒：「ええ，赤ちゃんが生まれる前に，カウンセラーの一人がこの
　　　学校について話してくれました。私は妊娠中とても具合が悪
　　　かったし，いろいろあったので，ここに来るのを先延ばしにし
　　　ていました。赤ん坊の父親と喧嘩をしていて，そしたら彼が投
　　　獄されたのです。どうしていいかわかりませんでした。私はし
　　　ばらくホームレスになっていましたが，祖母が私を住まわせて
　　　くれました。赤ん坊が産まれてから私が入学できるかどうか確
　　　かめるために電話をしようと思いました」

ＳＷ：「あなたは多くのことを経験してきていますね。それでも，高
　　　校を卒業したいんですね。あなたは，若くして本当に立派なお
　　　母さんですね」

生徒：（笑顔で）「わかりません。そう，私にも赤ちゃんにも，もっと
　　　良い暮らしが必要です。高校を卒業したいです。この学校を卒
　　　業した友だちとそのことも話しました。彼女はここがとっても
　　　素晴らしい場所だって話してくれました。それで私はここに来
　　　たくなりました」

ＳＷ：「ではあなたはここを卒業したくて，自分にとってふさわしい
　　　場所だと知っているんですね。あなたも友人と同感だと。やる
　　　気に満ちているようですね。ここにいたいって」

生徒：「はい，この学校では子どもの面倒も見てくれます。それも理
　　　由のひとつです。祖母は働いているので，ずっと赤ちゃんの面
　　　倒を見てもらうわけにはいきません。私はここに赤ちゃんを連
　　　れてやってくるというアイディアが気に入っています。公共の
　　　バスで赤ちゃんを連れてくることになるでしょうが，ほかに手
　　　段はありません。でもそうするだけの価値はあると思っていま
　　　す」

ＳＷ：「えっ？　バスで赤ちゃんを連れて学校に通っているの？　あ
　　　なたは本気でこの学校を卒業したいのですね！　その決断に心
　　　から感服しました。あなたはもうすでに自分や赤ちゃんのため

により良い暮らしを始めています」

　このケースでの生徒の話は，スクールソーシャルワーカーとの会話の中で協同構築され形成されたものです。この話の中では，学校にいたいという彼女の意欲や願望と，赤ちゃんをバスで連れきてでも頑張るという意志が際立っています。それはたやすい道のりではなかったものの，ここで紹介した生徒は最終的にガーザを卒業しました。彼女はバスで赤ちゃんを連れながら，学校に来つづけました。そして彼女の努力と頑張りはたびたびコンプリメントされました。公共のバスに赤ちゃんを乗せて連れてくるというアイディアは，善き生徒であり母親であろうとする生徒の努力のメタファーとして用いられました。そしてそれは学校内でのサクセスストーリーにもなりました。ガーザのすべての教師と職員がこの話を知っていて，そのことを互いに，そしてその生徒のいるところで繰り返し話していました。この "赤ちゃんをバスで連れてくる" 話は，彼女が苦戦していたり少し後退したりしたときにも，希望を生み，彼女を支えるために語られました。職員はこの話をほかの生徒に伝え，彼らが彼女にどれほど感銘を受けたかを話しました。彼女は，高校を修了するのに必要なものを持っていました。それは，容易ではなかったにもかかわらず，彼女が前進し続けたことからもわかります。その生徒がガーザを卒業するとき，校長は再度，彼女が赤ちゃんをバスに乗せて連れてこなければいけなかった現実にもかかわらず，どのようにして卒業証書を手にしたかを話しました。

オルタナティブスクールでの教育に対する前向きな見方

　前向きな体験以上に前向きな見方を作るものはありません。職員は解決志向オルタナティブ高校での初日から，学校に受け入れられることの重要性は名誉ある賞を取ることに似ていると伝えます。多くの生徒がそれ以前に何の賞も取っていないとしてもです。ジャマールという生徒は次のように話しています。

「私は以前，どこかの一員になったことはありませんでした。私は長い間，児童養護制度のもと，転校を繰り返してきました。クラブに入ったこともありませんし，何者でもありませんでした。解決志向の高校に受け入れられたことは私にとってとても大きなことでした。私は歓迎されていると感じました」

ラモンという生徒はこう言っていました。

「私はこれまでずっと父親のようになってしまうだろうと言われてきました。教養なしの酔っぱらいに。私の思考や行動はガーザに来るまでずっと否定的なものでした。否定的な人と一緒にいると否定的になり，前向きな人といると前向きになりやすくなります。ガーザはつねに前向きですし，これからもそうでしょう。おかげで，私の行動や私自身がもっと前向きになりました」

研究目的の面接の中で，スカイという生徒はこの点について学校での経験から次のように語っています。

「それは環境です。ここではそれが皆を変化させます。私はこの学校をとても誇りに思っています。ここにいられてとっても幸せです。まさに学校全体の一員になっています。学校のすべてが，大学に行きたいという私の願望に違いをもたらしました。私はここで全科目でＡ評価を受け，キャリアセンターもとても支援してくれました」

教育者によってはオルタナティブスクールに入ることを過小評価したり，オルタナティブ高校で高校課程を修了することは最低要件をクリアしたにすぎないと考えたりするでしょう。このような信念は先に紹介したような危機にある生徒にとっては有益ではないでしょう。これとは対照的に，解決志向オルタナティブ高校の職員は学校での誇りとそのカリキュラムへの信頼を伝えています。彼らは生徒に誇りを感

じてほしいと願い，同じようにするのです。卒業へのゴールに向けての努力を決して過小評価しないことが大事です。ガーザのある教師は次のように話しています。

> 「私はここの教師ですが，同時に親でもあります。家庭では，私の子は単位を修得し，ほとんど問題なく高校を卒業するでしょう。でも私の子は恵まれていて，学習の障害はありません。裕福な親がいてコミュニティからの支援を受けています。私の生徒の多くはあまり恵まれていません。何もないところからやって来て，8年生を終えて高校に入ってくるのは一大事です。生徒たちの中には家族で初めて8年生を終えた人もいます。それは私の現実ではないものの，その苦労と努力は認めて評価すべきことです」

解決志向のオルタナティブ高校に通う間，生徒は決して後退したり，学力不足で授業を再履修させられたりすることはありません。彼らはここまで前進してきたことを認められて，今修得すべき単位を修得して前進し続けます。生徒の進歩に対するこの種のアプローチは成功への前向きな期待と希望を持ち続ける助けとなります。職員は，多くの生徒が並外れて困難な個人的境遇にあったり，生徒独自の学習上のニーズを支援する態勢が前の学校では整っていなかったりしたために，かわりとなる別の環境を求めていることを認めています。これまでは見過ごされてきたオルタナティブスクールの生徒が，診断のつかない学習上の困難を抱えていることもあるでしょうし，過去には暮らしていくのがやっとの状態で危機的状況に陥るほかなかったでしょう。彼らは学力に関するスキルや自信が欠けたまま学校にやって来ました。とはいえ，これは，彼らが自分の現状から教育上の解決を築く能力に欠けているということではありません。しかし，過去の失敗に目を向けさせることで，あからさまな防衛心や敵意ではないにしても不安や恐怖を生む可能性があることははっきりしています。このような否定的な感情は解決構築をし損じることでしょう。このような理由

から，生徒は現在の状況から先へ進むよう導かれ，学習上の困難や過去の教育面での問題を強調することは控えられるのです。

　解決志向オルタナティブスクールにおいては，生徒の現在の状況から始めて，希望を与え，ストレスを減じる方法で前に進みます。ロクサーヌというガーザの生徒は研究目的の面接の中で，いかにこの種のアプローチが卒業に向けて努力し続けることを後押ししてくれたかについて話しました。ロクサーヌは次のように語りました。

　　「ガーザは私の暮らしの多くのストレスを楽にしてくれました。特に私が落ち込んでいるときです。ここの人たちは私のことを本当に気に掛けてくれます。もう学校のことでストレスを感じることはありません。落ち込んだときには学校に行きたくなかった。でも，私は登校しました。先生方はとっても私を助けてくれました……。それが，私が退学しなかった大きな理由です……。私はもうすぐ卒業します。先生は私を助けてくれて，悲しんでいるからという理由だけで退学する必要はないと気づかせてくれました」

　私たちが見出したことは，生徒の現在の状況と向き合い，そこを出発点として前に進むことが，心配する親の不安や怒りを減らすことにもなることでした。そうした親は，わが子の問題行動や学業不振についての悪い知らせで，学校からメールが来たり，電話が掛かってきたり，呼び出されることに慣れきっていました。それに対して解決志向の学校の職員は，生徒の強さに基づいた報告をします。もちろん，ときには問題を指摘することが必要だったり大事だったりすることもあります。それでも，そうするときでも職員は友好的で前向きな態度を維持し，つねに生徒に対するコンプリメントから会話を始めます。

　また職員は，親の中には自分自身の問題に圧倒されていて，子どものことで圧力をかけても解決に結びつかない人がいることにも気がつきました。そのかわりに，夕食の食卓での会話を変えることで，結果的に学校での言い争いや否定的な感情を減らそうというのが，リー

ダー職や職員の目的です。次に紹介するガーザの生徒は，登校することが母親との関係にどれほど影響を与えたかについて面接調査で答えています。

調査員：「ガーザに来ることでお母さんとの関係を変える助けとなったことはありませんでしたか」

生徒：「母は私に文句を言わなくなりました。前の（以前の学校の）先生はすべてに文句を言っていましたから。ガーザの先生はもっとオープンです。それで良くなったんじゃないかと思います。母はいつも学校のことを心配していますからね。ここに来ることでそれが少し楽になりました」

調査員：「1から10の尺度で，ガーザに来る前は両親とどれくらいうまくやっていましたか」

生徒：「6です」

調査員：「1から10の尺度で，今は両親とどれくらいうまくやっていますか」

生徒：「9か10です」

調査員：「あなたと両親の関係はどんなふうに良くなったのですか」

生徒：「今はすべてがオープンになりました。今の私は学校からの通知とかを隠そうとは思いません。母は私が進歩していることに気がついています」

調査員：「前と違って今はお母さんに学校のことを話せるのはどうしてだと思いますか」

生徒：「以前はいつもトラブルの渦中にいました。ここでは先生方は低い成績を良しとはしません。頑張り続けて学力を伸ばそうとします。普通の学校ではどうあれつねに低い成績となります。授業を8つも履修しているからです。母はいつも成績のことで文句ばかり言っていました。ここでは落第させられることはありません」

解決志向の会話の例

　ある日，セレナは怒って，敵意むき出しで教室に入ってきました。彼女は全身を緊張させ眉をひそめていました。ロドリゲス先生は彼女が入ってくるのを見て言いました。「セレナ，パソコンを立ち上げてください。次の課題が待っていますよ。この単位のほぼ半分までできましたよ！」と。セレナはロドリゲス先生のほうを向くと，断固とした態度で「今，そんな気分じゃない。だから黙ってて」と言いました。ロドリゲス先生は深く息を吸うと，セレナから離れました。先生は彼女がどうしてそんなに混乱しているのかわかりませんでした。でも，彼女と関わっても彼女のフラストレーションを強めるだけであることは明らかでした。

　10分後，ロドリゲス先生はセレナの気分が変化したのに気がつきました。彼女はそのとき泣いていたのです。彼は彼女のほうに歩み寄って，しばらくの間外に出ていたいかどうか訊くと，彼女はうなずきました。教室の外に歩み出た後，ロドリゲス先生はこう言いました。「あなたが教室に入ってきたとき，とても動揺していて，不幸せな気分でいることに気がつきました。今はどんな気持ちですか」

　セレナはロドリゲス先生を見上げて，厳しい口調で言いました。「私は英語の単位を取り終えていません！　今はこの学校に怒りを覚えています。もう終わりにしたい！」

「あなたがこの学校を終わりにしたいと強く望んでいるのはわかります。あなたは遅れていると感じていて，自分がこうありたい状況にない，と言っているようですね」と，ロドリゲス先生は応えました。セレナは黙ったまま，うなずきました。「この学校で何かをして良い気持ちになったのはいつでしたか」とロドリゲス先生は尋ねました。「何かをやり終えたときです！　でも毎週課題をやり終えるのはとてもきついです。だから，私は失敗し続けていると感じています」とセレナは言いました。

「ああ，毎週課題をやり終えるのはあまりに大きなゴールだったということですね。こういった課題は広範囲ですよね。私は，すべてを1週間で終えることは求めていません。この授業であなたが目指すゴールについて話し合いませんか」

彼女自身のためにより小さく，さらに理にかなったゴールを設定した後，セレナは自分の進歩に満足できるようになりました。彼女が1週間にひとつの課題を終えるというゴールを設定したとき，ロドリゲス先生はそのゴールは実際的ではないと思っていました。しかし，セレナはそれを自分の基準として定めることを固く心に決めていました。彼は，セレナが決めたゴールについて議論するのではなく，セレナが決めることを認めて，彼女が自分にとってもっと現実的な基準を定めるのを強く促す機会を見つけました。

覚えておくべきキーポイント

■ ゴール，成功への前向きな期待，希望のような前向きな感情の育成は解決志向オルタナティブ高校のプログラムの成功には不可欠です。

■ ゴールは最終的な到達点ではなく変化のプロセスの始まりです。

■ 生徒や家族の現在の状況と向き合うことは達成可能なゴールを設定するということです。例えば，もしある生徒が授業に出席することに困難を抱えているなら，最初のゴールは"数学の試験に合格する"であってはなりません。むしろ，数学の試験に合格するための道筋にあるもっと小さなゴールを設定してください。

■ ミラクルクエスチョンは生徒がゴールを見つけるために用いることのできる解決志向の質問です。

■ 生徒と教師は日々の教育上の目標に一緒に取り組みます。その

ゴールは教室の中で話し合われます。

■　卒業への前向きな期待は入学手続き中に始まり，職員それぞれが生徒と解決を構築し，有意義で個人的なふれあいをすることを最優先とする，明示的な努力をしながら続いていきます。

■　コンプリメントは成功への前向きな期待を後押しして，生徒の前向きな感情や能力を育成するために戦略的に用いることができます。

■　生徒と親が，解決志向オルタナティブスクールでの教育に前向きな見方をすることは重要です。

■　オルタナティブスクールの卒業に向けた努力はつねに前向きに見られ，外に向かって承認されなくてはなりません。

■　オルタナティブスクールでの前向きな体験は生徒と親のストレスを軽減し，結果として前向きな感情とより良い関係を生みます。

まとめ

　前向きな感情を育成することはもちろん，ゴール設定と成功への前向きな期待を確立することは，SFBT での変化の過程において重要です。本章ではゴール設定と成功への前向きな期待の重要性と，希望のような前向きな感情を支える方法について論じています。解決志向の会話でどのようにゴールを設定するかの例も提示しています。また，教室で日々どのようにゴールについて話し合うかも紹介しています。解決志向の高校で用いられる SMART 方式のゴールシートを掲載しています。前向きな感情がどのようにして学習プロセスを促進し，教師，生徒，親のやりとりに影響するかとあわせて，成功へ向けた前向きな期待と感情を高める方法の明確な例も提示されています。生徒とともに成功の物語を作り，それを学校コミュニティで共有することは，希望と成功への前向きな期待を生むために用いることのできる技術のひとつです。さらに本章で論じられた概念を説明するために，教師と生

徒の間，カウンセラーと生徒の間，そしてソーシャルワーカーと生徒の間の解決志向の会話の具体例を紹介しています。

参考文献

Alderman, M. K. (2004). *Motivation for achievement: Possibilities for teaching and learning.* Mahwah, NJ: Lawrence Erlbaum.

Fitzpatrick, M. R., & Stalikas, A. (2008). Positive emotions as generators of therapeutic change. *Journal of Psychotherapy Integration*, 18, 137-154. doi:10.1037/ 1053-0479.18.2.137

Garland, E. L., Fredrickson, B., Kring, A. M.,Johnson, D. P., Meyer P. S., & Penn,D. L. (2010). Upward spirals of positive emotions counter downward spirals of negativity: Insights from the broaden-and-build theory and affective neuroscience on the treatment of emotion dysfunctions and deficits in psychopathology. *Clinical Psychology Review*, 30, 849-864. doi:10.1016/j.cpr.2010.03.002

Kim,]. S., & Franklin, C., (2015). The use of positive emotion in solution-focused brief therapy. Best Practices in Mental Health, 11(1), 25-41. doi: 10.3534839 Pekrun, R. (2016). Academic emotions. In K. R. Wentzel & D. B. Miele (Eds.), *Handbook of motivation at school*, second edition (pp. 120-144). New York, NY: Routledge.

Reiter, M. D. (2010). Hope and expectancy in solution-focused brief therapy. *Journal of Family Psychotherapy*, 21(2), 132-148. doi:10.1080/08975353.2010.483653

5 章

解決志向の生徒支援チームを作る方法

まずはこの話から

　シャナ[1]は妊娠したにもかかわらず，しばらくの間は普通の 16 歳の女子高生らしく暮らそうと努めていました。彼女は過去にとらわれるよりもむしろ，解決志向の高校に転校することを自分が望む未来を達成する能力に焦点を合わせた学校に通う好機として捉えていました。しかし，新しい学校へ転校しても，暮らしの上でのあらゆる問題が魔法のように解決したわけではありません。シャナはまだ病院に通う必要がありましたし，大きくなっていくお腹のおかげで体はつらく，この先複雑になるであろう未来のためにすべき行動計画がありました。

　シャナはゴンザーロ・ガーザ独立高校（以下，ガーザ）に転校しました。彼女はこの学校の対象にふさわしい生徒でした。待ち受ける障壁にもかかわらず，彼女は学習に熱心で，高い卒業意欲がありました。彼女の教師，カウンセラー，養護教諭，ソーシャルワーカーと学校管理者は彼女の妊娠についてよく知っていて，学業を適宜調整していました。このことは単に，休憩時間を増やしたり出産予定日までに

---

[1]　本章で提示された事例は，オルタナティブ高校に通う生徒への研究目的の面接や，これらの生徒と取り組んだ職員の経験から採られています。当該の生徒に対する守秘義務のために，氏名や一部の情報は変更されています。これらの面接の一部は，テキサス大学オースティン校メンタルヘルスのためのホッグ財団（Hogg Foundation for Mental Health）の手厚い支援により可能となりました。

確実に学習課題を終えられるようにしたりすることに留まりませんでした。シャナに学習課題と出席について，セルフペースの目標を設定させるということでもあったのです。

　ガーザの職員がシャナを支援しやすいよう，協働的な生徒支援チーム（student support team: SST）に指名された職員メンバーは，シャナのニーズを見直し，目標が達成可能なものであることをメンバー同士で，さらにシャナ自身と確認する機会を持ちました。その会議で職員は，シャナの問題ではなく，シャナの中にすでにある解決に焦点を合わせました。例えば，もしシャナが病院の予約があるため宿題をその日中に終えるのが難しいなら，教師は彼女の妊娠ではなく，シャナが以前，放課後の宿題支援グループに参加していたことや，これまでの何かをしようとする意欲のほうに焦点を合わせました。

　最初，シャナは若くして妊娠していることで他の人に対して恥ずかしい思いをすることや，オルタナティブスクールに転校して卒業を目指して勉強に励むことを，心配していました。しかし，彼女はすぐに学校の職員が彼女のゴールやニーズに歩調を合わせてくれていることに気がつきました。通院回数が増えたことにより，勉強の進み具合は学期を通して安定しませんでしたが，生徒支援チームはシャナのゴールを現状に合わせて更新し，課題に対して自分なりの解決を見つける手伝いをする関わりができました。シャナは支えられていると感じ，卒業という現時点でのゴールに焦点を合わせていました。

はじめに

　オルタナティブスクールで効果的な解決志向アプローチを生み出すには，すべての職員メンバーが協働に対する考え方を変化させている多分野にわたるチームを作る必要があります。異なる専門分野間でのお互いの敬意や信頼が肝心です。そして職員メンバーには，チームとしての関わりのために知識や責任を分かち合う感覚を育てることが求められます（Streeter & Franklin, 2002）。解決志向のチームは協働的な

ものであり，解決志向ブリーフセラピー（SFBT）で実践される関係
を構築する方法の原則はここでも当てはまります。しかし，焦点は個
人や家族との関わりから専門家同士の間でのチームワークへと向け変
えられます。また，解決構築アプローチはオルタナティブスクールで
の多分野にわたるチームの成功を促進させることも可能です。なぜな
ら，解決志向のコミュニケーション（例えば，ソリューショントーク）
の原則は異なる専門家の間でも実践されるからです。加えて，意図的
で目的を持った傾聴を重視し，強さに焦点を合わせることで，生徒，親，
教師との協働作業が促進され，全員が問題に対する実際的な解決にと
もに取り組みます。

　解決志向のそのほかの原則もまたチームワークの基礎としての機能
を果たします。例えば，異なるアプローチが解決につながるというシ
ステム的なものの見方や，生徒に関わる他の人々の独自のアイディア，
信念，やり方に敬意を払うことは，いずれもチームワークを成功させ
るためには不可欠です（Murphy & Duncan, 2007）。異なる専門家の間
で互いに敬意を払うことと，心を開いた状態であることは，解決志向
チームに必要となる協働的な思考様式の要素です。SFBT のこれらの
原則には，堅固な哲学的，価値観的基礎があると同時に，敬意を払い，
強さに基づく信念を行動に変換することが重要です。

　本章では，オルタナティブ高校の協働的な生徒支援チームにより，
解決がどのようにして作られるかを説明します。特に本章では，検討
の依頼のあった生徒のために個別の解決を作り出す目的で，毎週開か
れる解決構築の会話や話し合いに，どうすれば様々な専門分野の人々
が参加できるかを示します。参加者を招集して会議を運営する方法に
ついての実践的な情報も，SFBT を用いた多分野にわたるチームを開
発する方法のための技術や原理原則とあわせて紹介します。

解決志向のキャンパスでの協働的なチームワーク

　解決志向オルタナティブスクール内での協働的な生徒支援チームに

より，各生徒固有の困難な課題やニーズに個別の配慮を行うことに力を注ぐ人たちがひとつにまとまります。解決構築は4つの重要な方法で協働的なアプローチを促進します。第一に，解決構築の基礎にある原理，例えばそれは，他者を専門家とみなすこと，強さに焦点を合わせること，そして解決を生み出すことに協働的に取り組むことですが，この原理が他の人のアイディアを取り入れることに対して素直に心を開く姿勢を育みます（Franklin, Moore, & Hopson, 2008）。第二に，教師や他の職員が全員，解決構築のトレーニングを受けていることで，全職員が解決志向の変化の原理原則を理解する環境が整い，教員と非教員が一緒に働くことがより容易になります。第三に，解決構築に焦点を合わせることが，メンタルヘルスの専門家と協働作業をするのに必要なスキルと自信を教師に与えます。そして，チームでのアプローチにより，メンタルヘルスの専門家は教室における教育の必要性をより深く理解できるようになり，教師の持つ知識と専門的技術への敬意も高まります。知識やゴールを共有することで，職員が協力して解決を作るために必要な，お互いへの敬意の基盤ができます。最後に，チーム内でお互いに研修を行ったり協力したりすることで，共通の知識の基礎が作られます。そして，チーム内で共通の言葉遣いが生み出され，職員間でのコミュニケーションや解決構築が向上します。全員での多分野にわたるチームワークは相互協力的な雰囲気を作り，それは人から人へと広がっていくでしょう。この雰囲気はやがて学校風土となり，職員は生徒とうまく関われるようになるのです。

　これは別に，オルタナティブスクールで多分野にわたるチームを作るのは容易であるといっているわけではありません。実際のところ，それはとても大変なことかもしれません。しかし，多分野にわたるチームを作るために奮闘することは，それ自体が学校を成功させることの一部でもあります。それは，専門家が互いの，さらには，生徒や親の意見を認め，解決を築くために力を合わせることを学ぶからです（Franklin & Guz, 2017）。

　オルタナティブスクールでチームを育むための実践的な方法のひと

つは，SFBT を用いて生徒の課題を扱う生徒支援チームを作るのに，多分野にわたるアプローチを採用することです。生徒支援チームは，カウンセラー，ソーシャルワーカーといった非教員，そしてチームに参加する可能性のある教師の活動と重複する，およびそれを支援するものです。チームはそれぞれ異なる専門分野に依拠するものの，最大の生産性が発揮されるのは，すべてのチームメンバーが専門分野や役割に関係なく積極的に参加し，生徒に対する不満や苛立ちにではなく，未来の解決に焦点を合わせるときです。生徒支援チームでは，生徒の持つリソース（資源）や強さの中にすでに解決が存在する可能性を認識し，それによりチームが生徒に合った解決を構築できるようになります。チームはまた，リソース（資源）が生徒の家族であれ，生徒が訪れる外部のコミュニティ機関であれ，それを特定します。解決を構築し維持する上での決定的要素として，チームが内部や周囲のリソース（資源）を活用することは重要です。難しい生徒のケースについて話し合う際には，懲罰的になったり判断を下しがちになったりしやすいものです。しかし，こういった落とし穴はチームや生徒にとって生産的ではありません。

　あらかじめ計画された週に一度の定期会議では，生徒支援チームが一堂に会して個々の生徒についてそれぞれ別個に話し合います。なぜなら，解決は個人に固有のものと見なされており，結果としてそれぞれのアプローチは異なることになるからです。ソーシャルワークやコミュニティ・サービスによって解決が得られる生徒もいれば，生徒と教師の相談会やピアメンタリングを活用する生徒もいるでしょう。生徒支援チームの会議の間，チームメンバーは楽観的な姿勢を保ち，生徒それぞれに向けて表される感情は希望に満ちた前向きなものとなり，会話の焦点は現在と未来に置かれます。そのためにはチームメンバーの統制と解決志向の思考様式を進んで実践する気持ちが必要とされます。様々なチームメンバーが生徒を支持し，お互いにコンプリメントして生徒の能力を承認します。生徒についての話し合いの後，チームは最低限，行動の一歩を事前に確認した上で会議を終えます。その

一歩は，生徒の進歩を観察し続けるというごく小さな一歩かもしれません し，生徒の学科のスケジュールを再構築するほどの大きな一歩になるかもしれません。チームはただちに行動の一歩を踏み出します。もし，ある解決がうまくいかなければ，うまくいきそうな別の解決を見つけようと心に決めていることを，チームは理解しています。個々の生徒に迅速に連絡を取り，解決志向の会話に導きますが，そこで生徒支援チームにより提案された解決が両者で話し合われ，次回以降の会議で再び議題になるかもしれません。生徒支援チームの活用は以下でより詳しく，例を示して説明します。

協働的な生徒支援チームの活用

　この多分野にわたるチームにはあらゆる分野の代表者が入ります。カウンセラーやソーシャルワーカー，教師，管理者，そして外部のリソースを提供する学区やコミュニティの機関の代表までもが含まれます。解決志向オルタナティブスクール内の生徒支援チームに従事する可能性のあるチームメンバーの種類の例については，コラム 5-1 を参照してください。

コラム 5-1　生徒支援チームのメンバーの例

　ガーザの生徒支援チームには誰が入るか
- 校長
- 教頭
- ADA コーディネーター[2]
- 訪問支援の専門家

---

[2] 訳注：学校とは独立した存在で，法に照らして学校が障害のある学生に適切な支援を行っているかを監視する人。

■ スクールソーシャルワーカー

■ 特別支援教育の教師

■ 退学防止の専門家

■ 教師の代表

■ 技術の専門家

■ コミュニティ・イン・スクールズ（Communities In Schools）の代表

■ 折に触れてまたは必要に応じて参加する人

■ 看護師

■ 学区のスクールサイコロジスト

　多分野にわたるチームのメンバーは，生徒に伴うどんな課題に対しても解決を見直し，検討し，話し合い，構築するために集まります。生徒支援チームは生徒の成績，行動，出席率にいつもと違う点があればどんなことでも取り上げます。職員メンバーは，うつや自殺念慮などと相互関係がある行動面でのリスク要因を特定するための専門的なトレーニングを受ける一方，解決志向オルタナティブスクールの職員は，何かがおかしいことを示唆する，より小さな懸念事項を特定する対策も講じます。この示唆的な事項の例としては，生徒の集中力の変化，成績の急速な下降，突然の性格や気分の変化が挙げられ，いずれも教室で観察されうるものです。

　あるガーザの生徒の例を挙げて，教師がどのようにして生徒のうつのエピソードの兆候に対応し，そしてその結果，支援を増やすことができたのかを示しましょう。その生徒はこのように語っています。

　「私がガーザに来たとき，少人数のクラスであることが気に入りました。私は学校のあり方すべてが好きです。それは，生徒と先生がここにいたいから，ここにいるというものです。ときにはひどい日もあり，学校外のことで苦労していたことを，ここの人は認めてくれます。前の学校ではそんなことを考慮もしてくれませんでした。

先生は私に注意を向けてくれて，私がもっと支援を必要としている
ときには気づいてくれるので，ストレスを感じることはありません。
もう学校に関してストレスを感じることはなくなりました」

　この生徒に関しては，教室で泣いていることがたびたびあり，遅刻
したり欠席したり，自分に生きている価値はないと言ったり，仲間の
輪に入ることができないと言っていることに職員が気づきました。こ
れらの行動はその生徒によく見られるものではありませんでした。こ
の生徒が生徒支援チームの検討で取り上げられたときに，カウンセ
ラーは週の初めに生徒の両親から生徒が大うつ病性障害の診断を受け
ていることを伝えられたと明らかにしました。彼女は，1年前にコミュ
ニティのメンタルヘルス機関の精神科医により診断名を伝えられてい
ました。チームのカウンセラーはそれから，大うつ病性障害には，よ
り重い症状を経験する複数のエピソード[3] が含まれる点を取り上げま
した。その結果，チームは，これまでに確認された彼女の非行や課題
の不提出，欠席などを罰するよりも，彼女との前向きな関わりを強化
し，サポートを手厚くすることを決めました。チームはまた，生徒が
学校でソーシャルワーカーと会う約束をするようにしました。支援の
変化は小さなものでしたが，生徒は違いを感じました。その後の面接
で彼女は次のように語りました。

　「ガーザは私の暮らしの多くのストレスを楽にしてくれました。特
に私が落ち込んでいるときです。ここの人たちは私のことを本当に
気に掛けてくれます。もう学校のことでストレスを感じることはあ
りません。落ち込んだときには学校に行きたくなかった。でも，私
は登校しました。先生方は私のことをとてもよく助けてくれました。
もし私が独りになりたくて家に帰りたいなら，そうしてもよいので
す。ある先生は，"できることをしたら，早く帰っていいですよ"

---

[3]　訳注：抑うつ気分の強い時期。

と言ってくれました。それが，私が退学しなかった大きな理由です
……。私はもうすぐ卒業します。先生は私を助けてくれて，悲しん
でいるからという理由だけで退学する必要はないと気づかせてくれ
ました。間違いなくガーザのおかげで，危機に対処しやすくなりま
した」

　教師，カウンセラー，ソーシャルワーカー，その他の学校職員はす
べて，個々の生徒の懸念事項を特定し扱うことに取り組みます。職員
が生徒の行動の中でストレス状態を示す兆候や突然の変化を目撃した
際には，それを警告として受け取ります。その結果，生徒とつながる
ことになります。またそれにより，生徒支援チームへの依頼（referral）
につながる可能性もあります。依頼はいつでも誰にでも行えます。学
校によっては，学校を拠点とするサービスや危機対応チームがあり，
生徒の危機状態や起こりうる深刻な問題に介入する態勢が整っている
ほどの恵まれた状況にある所もあります。しかしメンタルヘルスの専
門チームを頼らなくとも，解決志向オルタナティブスクールでは，教
師全員が生徒の差し迫った情緒面のニーズに応える用意ができていま
す。問題が続くときは，教師や他の職員が生徒支援チームに依頼しま
す。依頼が受理されれば，生徒支援チームは次の方法によって解決志
向を続けることが仕事になります。①現在・未来志向であり続ける
こと。②すでにある解決や過去の解決でうまくいったことを特定する
こと。③ 生徒を取り巻く社会の中での行動（ソーシャルアクション）
に留意することと関係性に重点を置く姿勢を保ち続けること。

現在志向であり続け，すでにある解決を特定する

　解決はつねに，今，生徒に起こっていることを理解するという共通
のゴールと，その生徒に現在の環境でうまくいく解決に取り組んでほ
しいという希望によって定義され，もたらされます。この理解が，解
決に役立ったり，解決を思いついたり，あるいは解決のきっかけにつ

ながるのであれば，チームはねらいどおりに機能していることになります。生徒支援チームは，現在直面している状況に取り組むためだけでなく，深刻な問題の発生を予防するためにも活動します。危機的状況ではなかったり，早急な対処が必要ではなかったりする生徒は，その対象にならないことがよくあります。しかし，多くの生徒が何も言えずに苦悩しているかもしれないことや，思春期には小さな後ろ向きの歩みがすぐに緊急事態にまでエスカレートする可能性があることを，チームは知っています。重要なことは，現在の行動に波長を合わせることです。その結果，オルタナティブスクールの職員は，それぞれの生徒の反応を注意深く観察し，絶えず生徒に生活の状況について確認を行うことになります。職員は，それから生徒支援チームに依頼をして，この先，生徒が学校で学ぶうえで問題につながりそうな小さな後ろ向きの歩みを修正します。

　ひとたび依頼を受けた生徒支援チームは，現在志向を維持しながら，この先うまくいきそうな，すでにある解決を特定する作業へと進んでいきます。どのようにしてチームに解決志向を維持させることができるのか，その一例は会議のたびに初めに読み上げられる“**目的の声明**”にあります。“目的の声明”が読み上げられるとき，チームがなぜここにいるかを明示する時間になります。参加した全員が問題になっている生徒を助けたいと思っていることを知るだけでは十分ではありません。理由を大きな声で読むことは，チームが一丸となって完遂しようとする作業の背後にある意図を強固なものにします。目的の声明は「その生徒のニーズに合った前向きな解決を見つけるために結集しよう」といったシンプルなもので構いません。究極的には，声明は解決を見つけ，現在と未来に焦点を合わせ続けようとするものでなくてはなりません。この目的は会議中やソーシャルアクション（生徒を取り巻く社会の中での行動）計画を立てているときに，チームの声明，行動，動機づけの骨組みとなることでしょう。この手順は建設的な解決構築活動を始めることと，その過程を通じてグループがそこに焦点を合わせ続けることの両面で役に立ちます。チームのメンバーは，その

生徒にとってこれまでうまく機能してきたことと，この先うまくいく
だろうと提案されていることに関連した課題に互いに取り組み続けま
す。会議が横道にそれてしまい，さらには不満を述べる場のようになっ
てしまうこともあります。そんなとき，前にもまして大事になるのは，
チームの目的を全員で唱和して生徒の解決を協同構築するという紛れ
もない責任を皆が担っているのだと思い返すことです。不満を述べた
り問題を分析したりすることに時間を費やすべきではありません。こ
れは問題について話し合わないということではなく，チームメンバー
の仕事は解決構築の会話を増していくことにあるのだと，問題の話し
合いの方向を解決構築の方法へと素早く変えるほうがよいということ
です。

ソーシャルアクション計画

　会議が終わるころには，行動を起こすための実行可能な解決がチー
ムでまとまっています。チームメンバーは具体的かつゴールに向かう
行動計画の責任者を確認します。この計画では，生徒を取り巻く社会
の中での行動（ソーシャルアクション）に留意することと関係性に重
点を置く姿勢を含み，その結果，誰が，何を，いつ，どのようにするか，
といった具体的な結論を出します。また，行動計画のその後の経過観
察や説明責任を扱う計画もあります。行動計画は，生徒と関わる職員
に，学校が生徒と協同して前進しようとしていることを知らせるもの
です。このような説明責任は解決志向の原則に則ったものとなります。
なぜなら，行動計画は合理的かつ実際的でなければならないからです。
行動計画が，不合理な期待や，現在の問題を扱わないのではないかと
いう予想で埋めつくされてはいけません。例えば，生徒が授業を欠席
し続けているのなら，行動計画で生徒の卒業予定を取り上げるのは解
決として不合理でしょう。むしろ，行動計画は生徒の出席率を改善す
るのに役立つものであるべきです。下記の例では，行動計画は生徒の
現在の課題に焦点が当てられています。このケースでは，生徒は仕事
と家庭の予定が立て込んでいるために授業を受けられません。生徒支

援チームが気づいたのは，その生徒が妊娠したときから仕事を始め，それ以来ずっと授業に出られなくなっていたことです。そのため，提案された解決は，彼女の授業計画を再調整するのが可能かどうか確かめるためにスクールカウンセラーに依頼することでした（表5-1）。

表5-1　生徒の行動計画の例

行動計画

（生徒番号）	（学年）	（依頼先候補）	（日付）
依頼の理由1 例：出席状況が悪い 依頼の理由2 依頼の理由3	検討事項 例：生徒が欠席しがちである。妊娠して仕事を得てから出席しなくなった。 可能な解決： 授業計画を再調整して，家庭，仕事，学校のバランスをもっと実際的で管理しやすいものにする。	依頼の実行 例：スクールカウンセラーに依頼して，生徒の仕事のスケジュールともっとうまく合うように授業計画を再調整する話し合いをしてもらう。	フォローアップ （要／不要） 例：要 次週の生徒支援チームの会議でその生徒について話し合う。生徒の授業スケジュールの調整が，役に立っているか否かを報告する。

チーム会議

　生徒支援チームは週に一度，通常の授業日の放課後に会議を行います。チーム会議は通常，3〜5時間行われます。生徒の案件にすでに大きな負担を感じ，時間不足に悩んでいるオルタナティブスクールの多くの教師にとって，これは大きな義務を伴うものと思えるかもしれません。しかし，教師が同じ事案に対応するために教室で費やす時間を考えると，チームの集まりの時間はそれだけの価値があるように思えます。生徒のニーズを公式のチーム会議で扱うことで，教師は教室で生徒の行動を正す時間を減らすことができますし，一方，管理者は懲罰的な役割が少なくて済みます。会議時間内に，適切で明確な期待

を定められるなら，たとえ長い時間の会議であっても，効率性の観点からそれは生産的な時間だと見なしうるでしょう。

　生徒支援チームの集まりは，通常，話し合いを誘導するファシリテーターを指名するなど，担当する役割を決めることから始まります。ファシリテーターはチームが横道にそれたり，生徒について否定的になったりするのではなく，解決志向であり続け，生徒にとって生産的な解決を見つけることができるようにします。次に紹介する対話では，ガーザのファシリテーターが生徒支援チーム会議中のファシリテーターの役割について詳しく述べています。

教師：　　　　「わからないんです。この生徒は退学して学校を離れたのに，今は入学しています。これから教室で彼女にどう対応していきましょうか」

カウンセラー：「あなたの懸念はよくわかります。私は彼女の授業計画を作るために話し合おうと二度連絡を取りましたが，返事がありません」

メンタルヘルスの専門家：「私が支援のためにこの生徒に会ったことは一度もないと思います。なぜ，どなたも彼女を私たちに依頼しなかったのでしょうか」

教師：　　　　「会議が始まって40分ほど経ちますが，この生徒が今日の最後のケースです。でも，これは難しいケースだと思います。会話が少し横道にそれてきましたね。あなた（カウンセラー）は彼女と会うのに，どうやって連絡を取りましたか」

カウンセラー：「彼女に廊下で会ったときに話をしました。私と会う予定を彼女は忘れていたようでした」

教師：　　　　「どうも彼女には日付を覚えておくための課題表かカレンダーが必要ではないでしょうか。手配できますか。それに面談の予定を彼女が思い出すよう，面談前の授業時間にメモを渡すこともできそうですね」

カウンセラー：「そうですね，わかりました。彼女にメモを送って，彼女に会ったときに渡せるように課題表を用意しておきます」

　チームワーク，協働，そして素直に意見を受け入れられる雰囲気が話し合いの原動力となる会議においては，期待が特定の立場や使命とは無関係の立場にまでに広がらないことが極めて重要です。仕事というものは，説明，義務，そして限界を伴う課題のことです。真の協働は，同等の責任を負い，仕事の境界により参加が妨げられることのない環境において，最もよく育まれるものでしょう。しかし，メンバーによっては通常の立場に付随する役割を担う者もいるでしょう。チーム内での個人の職務とチーム外での役割を区別することは重要です。役割とは主に，会議がスムーズに進み，対応が必要なすべての生徒とその懸念事項にグループが確実に取り組めるようにするために，会議に先立って生じる責任のことをいいます。例えば，技術専門家の役割は，会議を時間どおりに始めることができるように会議の前にコンピュータとスクリーンを設置することです。毎回の会議において，このような責任が一定の参加者のニーズを満たすことで，話し合いを開始することができるのです。この事前の作業から，生徒についての事実と懸念事項が会議の席に持ち込まれ，参加者は解決を確認するのに役立つ独自の視点と情報を活用することができるのです。表 5-2 は生徒支援チームの役割と典型的な会議の議題を例に示しています。

解決志向の生徒支援チームのメンバー選択

　全職員が，この種のチームの一員に進んでなりたがるわけでもなければ，なることができるわけでもありません。確かに，チームメンバーの中には，カウンセラーやソーシャルワーカー，そして地域内で活動する専門家のように，このプロセスを促進し，主として学業の妨げになる生徒のニーズに対処することに取り組むために必要な人たちもいます。しかし，たとえ理科の教師が解決志向アプローチの研修を受け

表 5-2 生徒支援チームのメンバーの役割と代表的な会議の議題

チームの メンバー	責任	目的
カウンセラー	会議の前に，生徒についての依頼を振り返りまとめること チームに発表する重要な事実を特定すること 依頼における情報を補うために必要な情報を集めること	作業が効率的に進むようにすること チームのメンバーが，その生徒と生徒の状況にふさわしい解決を提案するための情報を提供され，準備が整っていると感じて各ケースに対応できること
訪問支援（アウトリーチ）の専門家とソーシャルワーカー	会議前 2 週間分の出席情報を集めて印刷する（すべてのチームメンバーに 1 部ずつ） 検討の必要がありそうな，いつもと違うところを特定すること	出席の変化は，しばしば問題の兆候を最も早く示す警告のサインとなる
看護師	生徒に必要な医療上のニーズを検討すること 医療上の懸念事項がある生徒に対するニーズやサービスについての質問に答えること	広範囲にわたる生徒のニーズの理解を促進し，医療情報を考慮した解決を提案するために，適宜，具体的な補足的知識を提供すること
技術の専門家	コンピュータとプロジェクターを設置して，チームメンバー全員が各生徒の写真を見ながらデータを確認できるようにすること	その生徒について詳しく知らないチームメンバーが人的ネットワークの一員となれるようにすること。その結果，その生徒のリスク要因や支援の過程を注意深く見守ること 生徒を一人の人間ととらえ，単なるケースや番号として見ないようにするため

会議の代表的な議題

1 会議の目的を再確認し，すべての参加者の心のもちようを場にふさわしいものにする。
2 守秘義務の確認。会議で話された内容はすべて，会議外では話してはいけないことを職員メンバーに思い出させる。
3 全員が過去 2 週間の出席状況のコピーを受け取る。
4 カウンセラーが手短に，会議で対象とする生徒のリストを見直し，他に追加がないか確認する。
5 カウンセラーはリストから一度に一人ずつ進める。カウンセラーは依頼書と必要な背景情報を共有し，可能な解決についての話し合いを依頼する[4]。それぞれの生徒が紹介されるたびに，技術専門家はすべてのチームメンバーに検討中の生徒のことがわかるように，その生徒の写真をプロジェクターで映す。訪問支援の専門家は今後起こる可能性のある懸念事項を特定するために出席状況表を詳しく調べる。
6 チームの話し合いは決まった書式の文書に記録され，依頼元の職員に戻される。

---

[4] 会議は通常アルファベット順に進行します。しかし会議が進むにつれてチームのメンバーは段々と疲労し，否定的な意見が出やすくなるでしょう。それにより，アルファベット順の最初と最後では生徒が受ける配慮が異なる結果となることがありえます。バランスを保つために，会議ごとに順番を変えて，ときにはアルファベットの最後から始めるといったように，対策をとることを考慮してください。

ていたとしても，チームの生産的なメンバーであるためには，やはり
毎回の会議に適切な態度で臨む必要があるといえます。適切なチーム
を構成するには，率直な会話と，職員メンバーが毎回の会議に積極的
に参加し，建設的に貢献しようとする意志と能力があるという心から
の同意とが必要になります。

　これには，まず守秘義務への同意が含まれます。生徒の生活とニー
ズの全体像を把握する際，チームは極めて個人的な情報を取り上げる
かもしれませんが，その多くは生徒にとって決して公開されたくない
ものでしょう。会議で話し合われたことは会議内に留め，外には漏れ
ないようにすることをチームメンバー全員が遵守します。職員の中に
は，このレベルの秘密を保持するのはとてもできそうにないこと，そ
してその結果，チームには適格ではないかもしれないと思う人もいる
かもしれません。いかなる話題も話し合いで除外されることはありま
せん。なぜなら，不愉快な話題であっても，効果的な解決に関する情
報をもたらし助けとなる可能性が，必ずあるからです。しかし，もし
それが記録に残るとしたら，グループで話し合ったことの多くは適切
ではなく，ひょっとすると有害なものかもしれません。したがって，
会議の詳細な記録は残さず，会議の内容は部外秘とみなされます。チー
ムは，自分たちのすることの多くは調査であり，事実を提供すること
ではないということを心に留めておくべきです。チームはつねに，会
議の情報のうち記録されたほうがよいものと記録されないほうがよい
ものを思慮深く検討する必要があります。チームは，記録を読むのは
誰か，将来このような情報に誰が触れることになるのか，そして，こ
の記録を読むことが生徒の今後の経験にどんな強い影響を与えること
になるかを熟考することが大事です。

　生徒支援チームへの参加を希望する職員に接する際に考慮すべきも
うひとつの要素は，その人がどんな理由でチームに参加しようとして
いるのかということです。これは，その人にチームの目的を明確にし，
それをつねに中心の焦点として尊重できるかどうかを確認することと
いえます。教師の職場環境を改善するためにチームに加わりたいとい

う人がいたとしたら，おそらくその人との相性は良いものではないで
しょう。会議の焦点は生徒を理解し支援することであり，指導時間を
改善したり，他の自己利益を増進したりすることではありません。前
述のように，会議は長時間になり体力を消耗させることもあります。
会議の時間中ずっと家に帰って犬を外に出さなくてはと心配している
職員メンバーは，検討中の生徒のニーズに焦点を合わせてはいないで
しょう。同様に，生徒の個人的な話に耳を傾けながら情緒的にうまく
処理するのに苦労している人は，解決志向の状態に一貫して留まるこ
とはできないかもしれません。チームの一員になることに同意する前
に，チームメンバーになる可能性のある人は全員，典型的な会議がど
のように進行するかを理解し，戦略的思考と解決の構築のために長時
間にわたり情緒的に過酷な夜を過ごす可能性があることを理解してお
く必要があります。

　ある青年の将来が危ういときに，このような大変な課題に取り組む
チームに進んで参加する人は誰でも，情熱的な人間である可能性が高
いでしょう。良心的なチームを構築するには，様々なやり方で様々な
ことに熱心に取り組む人々を見極めて，関与させることが必要になり
ます。状況について大きく異なる見方や，明らかに別の見方をする個
人個人から成るグループが協働作業を始めれば，いつでも衝突は起こ
りやすくなります。あるチームメンバーは別のメンバーとは全く異な
る考え方をするかもしれませんし，それがお互いのイライラを募らせ
るかもしれません。例えば，あるチームメンバーはより寛大に捉えて
いるのに，一方で別のメンバーは結果に厳しさが全く足りないと考え
ているとしましょう。それにもかかわらず，意見の不一致が結果とし
て有意義な会話になる可能性があり，当該の状況に対する最も効果的
な解決をもたらすかもしれません。青年を援助するための最善のやり
方への合意を形成し，コミットメント（責任ある関与）を築くことは，
解決構築に必要不可欠です。もし，意見が一致しない人々が解決を見
つけるというゴールに焦点を合わせ，つねに生徒中心のアプローチを
続けるならば，グループは意見の相違から立ち直り，作業を軌道に乗

せることができます。これには，多少の訓練と練習を必要とするかも
しれませんが，チームはつねに個人的な不満を解消したり，個人的な
信念を主張したりするよりも，もっと大きな目的があるという考え方
に立ち返ることができなければなりません。このチームアプローチで
は，求める答えは様々な信念が入り混じった中にこそあり，解決志向
の会話の中で導き出されるのです。

生徒の役に立つために解決志向の生徒支援チームを活用する

　会議で確認される懸案事項は，教師からの依頼として直接持ち込ま
れるものがほとんどでしょう。オルタナティブの教育環境では，生徒
が最も人と接する時間が長いのは教室です。これが意味するのは，教
師は生徒がうまくできたことと悩みの種となる後戻りの両方とも，よ
り多く目の当たりにする傾向があるということです。解決志向の環境
では，管理者やサポート要員は教師を励まして，普段とは違っている
ように見えることは何でも確認させ，生徒支援チームの注意を喚起す
るようにします。教師はカウンセラーに依頼書を提出し，それをカウ
ンセラーが検討して毎週の会議に持ち込みます。表 5-3 に依頼書の一
例を示します。

　この書式はまた，どんな行動や解決の提案についてチームの意見が
一致したかを依頼元の教師に報告するための方法となり，そしてフォ
ローアップの計画を含む次のステップを説明するのにも使えます。書
式には，進歩の程度を観察できるよう，その教師とともに確認するた
めの予定表を加えてもよいでしょう。チーム会議で作成される他の記
録も同様ですが，これらの書類は意図しない悪影響をもたらす情報源
となる可能性があります。結果的にこれらの記録は公的書類となりま
すし，そのように扱われるべきものです。不満から依頼書を書くこと
が結果として役に立たないばかりか，傷つけることになる批評となっ
たり，不適切な情報開示になったりすることもあります。不満は情熱

表 5-3 依頼書の例

リクエスト提出日/時間	依頼元のEメール	生徒の氏名	生徒番号	担当カウンセラー（または他の専門家）	ニーズ	追加情報
カウンセラー依頼書						
2017年3月30日	teacher@garza.org	ケンドラ・ウイリアムズ	1234		生徒が教室で落ち込んでいる様子である	今朝，生徒は午前中の授業中に寝ていた。また，廊下ですすり泣いているようだった。この生徒にはうつ病の診断が出ている
カウンセラーが生徒と会った日	カウンセラーが生徒と会った時間	生徒との面談で行ったこと	フォローアップの面談	フォローアップの日付	生徒支援チームへの依頼	追加情報
2017年3月30日	3:00 PM	うつ病の症状と学業成績の目標について話し合う	要	2017年4月6日	要	カウンセラーは，解決を確認する次の生徒支援チームの会議まで，生徒の安定化を目的に生徒と会い続ける

や思いやりから生じているかもしれませんが，すべての職員は生徒に関する記録の作成に際しては慎重な姿勢をとり，強さの観点を守るべきです。説明は簡潔に留め，状況の基本的事実から離れないようにすることが最善です。

　記録し書類に残すことは重要な役割を果たしますが，生徒支援サービスに関連して行われるコミュニケーションの多くは非公式であり，個々の職員メンバーのニーズと安心できるレベルに基づくものです。カウンセラーと一緒に確認することを好む人もいれば，校長から直接連絡をもらったりフィードバックしてもらうことを望む人もいるかもしれませんし，さらには書類をメールボックスに入れて文書による返事を待てばよいという人もいます。解決志向の環境におけるどんなプロセスも同様ですが，個々人に合ったコミュニケーションが重要な役

割を果たします。システムに時間や労力を投資するとともに，全職員の協同作業を確実にするには，関わる職員は個人のコミュニケーションのスタイルに合う個別のコミュニケーションを自由に要求し期待できる必要があります。この能力は，チームがお互いにコミュニケーションをとり，わかり合うことで得られ，それにより情報を効果的に共有できる最大の可能性をもたらします。

　新たに依頼を行う手続きを進める際には，解決を提供したり，さらには有意義な解決を作り出したりすることを目的として，生徒がカウンセラーと面談することがよくあります。この面談は，生徒支援チームの会議の翌日に行われるのが一般的ですが，必ず次のチーム会議の前には行わなければなりません。大きく規律に反しない案件については，カウンセラーが生徒の懸案事項や行動面の問題に関して一番最初に連絡をとる相手としての役割を果たします。もし，前進を阻害する状況に直面したり，問題がより公式な取り扱いを必要とするものになったりすれば，カウンセラーはその時点で管理者のサポートを得ることを選ぶかもしれません。最初に生徒と話すカウンセラーが，当該の生徒にとっての安全地帯を確立することができるので，そのカウンセラーが，生徒と校長の間により安全で合意しやすい話し合いの場を作ることができます。どのような状況であれ，校長という立場が示すものは，生徒にとって重大な意味を持ちます。カウンセラーが，より生徒志向の環境でコミュニケーション手段を確立できるようにすることで，生徒と校長が相互理解の関係を構築しやすくなり，校長は懲罰よりもむしろサポートや解決，そして答えを提供するという意図を明確にすることができます。

親をチームの一員にする

　チームにより提案された解決志向の方略や介入方法で親にアプローチするには，親も同様のプロセスを経て，学校全職員の役割や動機について新たな理解を深める必要があります。生徒が解決志向のオルタ

ナティブ高校に入学するまでには，親はおそらく，かなり長い時間を
学校で過ごしたり，学校の管理者と子どもの行動について話したりし
ているでしょう。電話や面談の要請を受けたときに，親は様々な方法
で反応します。結果として，あらゆる親との接触に適合するような
具体的なガイドラインや準備を明確にすることは，ほとんど不可能で
しょう。どんなオルタナティブ高校のプログラムであっても，職員は
おそらく，家族の構造や状況は生徒間で極めて異なるという事実を熟
知しているでしょう。自分の子どもが成功するための援助であれば，
どんなことでも試してみようとする親もいれば，自分の子どもにか
わって不適切な介入をしようとさえする親もいるかもしれません。さ
らには，絶望的に感じて，すでにすべて試したし，もし改善が可能だっ
たらすでに何かうまくいっていることがあるだろうと考えて，退いて
しまっている親もいるかもしれません。学校職員との話し合いの場に
やってくるとき，親はおそらく，自分がこれから経験することについ
てあれこれ想定しているでしょうし，身構えて面談に臨むかもしれま
せん。さらには，親自身も学校で生徒として否定的な経験をしていた
かもしれません。たいていの親が過去に経験してきたことは，親に解
決志向アプローチへの心構えをさせることにはつながらないかもしれ
ません。

　学校職員が心に留めておくべきことは，生徒の教育と幸福に関連す
る他のすべての相互作用と同様に，親との相互作用もまた，子どもに
対する共通の関心によって団結する個人間の関係構築に関連するとい
うことです。よりよい結果に対する親の考えは，教師や管理者の考え
とは異なる可能性があります。親と会って話すことは，主に互いへの
尊敬と子どもへの共通の献身の姿勢を確立するのに役立ちます。しか
し，協力的に進展し，解決を検討し合うことが可能となる関係に到達
するには，判断されることのない，そして変化に対してオープンな，
心理的にも安全な空間を確立することが必要です。会話を変えること
は，生徒のために物事を変える際の第一歩です。親との会話は，職員
が事前に想定していたものとは異なることがよくあります。しかし，

言葉のやりとりが理想的ではなかったり，職員や親がおそらく望んでいたほど生産的ではなかったりするときでさえ，やりとりには生徒の経験の枠組みをつくるのに役立つ力学（ダイナミクス）を明らかにする可能性があります。短時間の話し合いであっても，親や生徒に対して関係を構築する基礎を明確に示すことができます。

　例えば，生まれたばかりのわが子と両親（養父母）と一緒に暮らしていたある生徒は，家庭で難しい問題を抱え，それが学業にも影響していました。以下は，オルタナティブ高校が両親との関係にどのように影響したかを彼女が説明した内容です。

　「ガーザに通う前は，両親と私の関係は 1 から 10 のスケールで 3 くらいの状態でしたから，かなり低かったです。授業には全く行きませんでした。ドラッグをたくさんやりました。決して家には帰ろうとせず，ただ両親に反抗していました。両親は私が行いを改めて学校に行く必要があると言っていました。それに対して，私は"それは私の勝手でしょ，余計なお世話！"と言い返していました。ガーザのある先生が，私が授業を何度も休み勉強も遅れているのに気づき，私に家庭のことについて尋ねました。私は先生に，両親と自分がうまくいっていないこと，家では不安定になっていることを伝えました。次の週，私がカウンセラーの部屋に行ったところ，家族面談をしたいかどうか尋ねられました。普通だったらノーと言っていたと思いますが，私はガーザの人たちを信頼しています。彼らは私のことを気にかけてくれるし，決して私が傷つくようなことを勧めたりはしません。それで，両親と私はカウンセラーと一緒に数回の家族面談をしました。私たちはコミュニケーションについて話し，お互いに対する気持ちを共有しました。私たちは多分，どう感じているか，何が必要かを，お互いに伝えることを学んだと思います。

　今では，両親と私はスケールで 9 にいます。私には子どもがいます。実際，今では落ち着いていて，ある男性と 2 年前から暮らしていますし，多少の責任は取ってきました。妊娠していたとき，両親

は私のことをよく支えてくれましたし，今では私たちがガーザで話し合っていなかったら，こんなに穏やかにはなっていなかっただろうと思います。前の学校はとてもひどい学校でした。生徒は絶えず叫んだり，金切り声をあげたり喧嘩をしたり，物を激しく叩いたりしていました。彼らは廊下の至る所にいるだけで，決して授業には出ませんでした。そして，先生たちはただ無作法で，全くわかってくれませんでした。例えば，もしも自分の子どもの病気といった，ちゃんとした理由で課題が遅れていたとしても，先生は"うーん，それは言い訳にはなりません。やはり，あなたはやっていないことになります"とよく言ってました。私は，それは本当に無礼だと思いました。なぜなら，ガーザでは提出物の期限に関しては多少とも余裕をみてくれますから。そして，そのほうがずっといいです。ガーザは，もっとゆったりとした落ち着いた感じの学校ですし，今では家で前のようなひどい怒りやストレスを感じません」

　親との生産的な協働作業は，プライベートな話し合いの場での開かれた会話から始まります。その取り組みが生徒中心のものであったとしても，親との会話が生徒にとって敵対的，あるいは困難な人間関係を生み出すような感情をもたらすかもしれません。プライベートな話し合いは，親が不満や防衛的な立場から，変化をもたらす支援ができる仲間のように感じる立場へと，移行する好機を提供します。学校はしばしば，親が生徒をサポートするために何がしたくて，何ができるのかを見出すことができ，それが状況に応じた最善の解決に関する情報を教えてくれます。しばしば，親は既存の解決を持っており，解決志向の技術を活用することでそれを発見することができるのです。会話では関わる人すべてが同じ理解を持つことを目指します。それは合意ではなく，現実の状況を認識し，根底にある真の課題に対する解決を構築することかもしれません。多くの場合，この移行はすでに脅威的な状況の中にいる生徒にとって，受け入れられていると感じる安全な状況を創り出すことになります。学校職員は，合同の話し合いが生

徒の安心や生徒と学校の関係を脅かすと判断し，その特定の個人に対してそのような方法で進めないことを選ぶかもしれません。あるいはかわりに，親と管理者は，親子間で共通の権威に対抗するための結束が必要であると判断し，管理者が最後通告をする立場を引き受けることで，親を生徒側の立場に移行させることもできます。この種の戦略的なアプローチは，権威の問題で悩んでいるかもしれない青年と協力関係を構築する際に大変役に立つ場合があります。

　管理者は，様々なタイプの親子の力学（ダイナミクス）の導き役になることができます。親が非常に積極的に関わり，その行動が善意から来ている場合でさえも，管理者との話し合いにより，家族にとってのストレスを軽減することができます。ある生徒が，ガーザでの取り組みが家族内の緊張を和らげた様子を説明しました。

　「前の学校では，ママと私は 1 から 10 のスケールで 5 だったと思います。前の学校の人たちとはあまり意見が合わなかったし，ママはただの学者です。ママは博士号を持っていて，姉は大学に行っています。ママは私にうまくやってほしいと心から思っていたけど，私はする必要もないことで気晴らしをしていました。ママは自分の経験から，私にめちゃくちゃ高い期待をかけていましたが，私は記憶力や作文，そして数学に難があります。私たちは以前はよく口論をしました。私の成績，つまり私の成績に関することは何でも。宿題を提出しなかったり，時間どおりに学校に行かなかったり，そして，すべての授業に出席したわけではなかったりといったことです。私たちはあまりに違い過ぎると思いましたが，副校長と会って話してみて，自分が実際にはどれほどママと似ているかが理解できます。例えば，哲学に関しては，私たちはほとんど同じです。私たちはほとんど同じことを信じていますし，同じ道徳観を持っています。今では共通点も増えて，お互いの似ているところと違うところがわかってきたので，私たちはスケールで 8 にいるといえるでしょう。成績も良くなってきていますし，それはとても助かります。ガー

152

ザに来るようになって以来，私たちは二人ともよくなってきている
と思います」

　このような話し合いは，結果にかかわらず，困難な課題や可能性の
ある解決の両方に関して，その生徒が置かれている現実を理解する際
の重要な出発点となります。表面化している行動の性質にかかわらず，
指導のためのあるひとつのアプローチが，すべての生徒に等しく肯定
的または否定的な結果をもたらすことはないでしょう。親との協働作
業により，生徒の生活をより完全に把握することができ，ひいては，
より全体的な解決を得ることができるのです。
　チームワークには，リソース（資源）となる献身的な努力をいとわ
ない人が必要です。例えば，ガーザでは，生徒支援チームを構成する
職員メンバーは，ほとんどが公立高校で働いていてもおかしくない，
標準的なサポート要員です。この場合の主な違いは，学校で常勤とし
て働いているカウンセラーの数にあります。テキサスの平均的な高校
にはおよそ，500 人もしくはそれ以上の生徒に対して 1 人のカウンセ
ラーがいるのに対し，ガーザでは 100 人の生徒に対して 1 人のカウン
セラーがいるという比率を維持しています。生徒のニーズが多様かつ
特別な支援を必要とする場合が多いことと，カウンセラーがそうした
ニーズに対応するために時間を費やすことから，この比率は解決志向
プログラムの重要な構成要素となっています。この数のカウンセラー
を維持するには，主に金銭的なリソース（資源）を多大に投入する必
要が出てきます。学校でどんな活動を行うかの計画設定によっては，
他の学校では体育活動や課外活動のプログラムに使われる可能性のあ
る資金を，これらの職務をサポートするために再配分することもあり
ます。サポートはまた，コミュニティ・イン・スクールズのような，
ソーシャルワーカーを提供する地域のプログラムからも受けることが
でき，生徒向けの治療的カウンセリングのニーズの一部分を満たすこ
とができます。外部の機関はサポート職員を援助したり，通学中の全
生徒へのタイムリーで適切なサービスを保障したりすることにより，

ある程度の援助の提供を可能にします。

　カウンセラー利用の効率と，適切なスケジュールの流れで生徒の
ニーズが満たされる状態にあることの両方を保障するために，解決志
向の高校は学校内で安価な面談予約システムを作るとよいでしょう。
この種の予約システムがガーザに導入されています。生徒がカウンセ
ラーに会う必要性を感じた場合，教師に面談希望の連絡を入れるよう
に頼みます。教師は，オンラインの共有ドキュメントにアクセスして，
生徒の氏名や必要な一般情報を入力します。緊急性のレベルにより，
異なる色での表示やマーク表示をしてもよいでしょう。例えば，生徒
がその日の下校前までに面談を希望したり，スケジュール調整のため
に面会を求めたりした場合，そうした要望をドキュメントに追加する
ことで，カウンセラーはどの生徒に先に会い，どの生徒にその日の遅
い時間か週の後半まで待ってもらうか，優先順位をつけることができ
ます。

　カウンセラーは自分の部屋に2台のモニターを置いています。その
うちのひとつには，面談希望のリストが更新される様子だけが表示さ
れています。カウンセラーが，緊急の希望に応じられないと判断した
際，その状況をカウンセリングの補助職員に伝えることができます。
実際に緊急事態が起こったときには，教師は，システムが面談希望を
転送するのを待つ必要はなく，カウンセリングの部屋にいる職員やス
クールソーシャルワーカーを呼ぶかして教室に行ってもらい，生徒に
付き添って必要な場所に連れていってもらうことができます。このシ
ステムのねらいは，迅速に対応できることともうひとつ，生徒がカウ
ンセリングの部屋で無駄に待つことになったり，活動の時間に遅れた
り，せっかく待っていたのに別の緊急事態が起こって，カウンセラー
が話し合いを延期しなくてはならなくなったりといった事態を防ぐこ
とです。生徒の様々なニーズはあらゆる解決志向システムの中核をな
すものですが，ここに書いたことは特に肝要です。

　ガーザのカウンセラーは，合計約350人の生徒にサービスを提供し，
一学期当たり約2,000件の面談依頼を受けています。これには，コミュ

ニティ・イン・スクールズのスタッフや進学・就職カウンセラーによるサービスや面談の依頼は含まれていません。時間や労力の投資や職員のコミットメント（責任ある関与）は相当なものになりますが，その一方で，カウンセリング・サービスは解決志向オルタナティブ高校にとって基本的な構成要素であり，最も多くの援助を必要とする生徒に手を差し伸べるための主要な方法であることに変わりありません。

生徒支援チームが機能する様子を示す例

　レイの写真がスクリーン上にパッと映し出され，教頭が職員メンバーに，その日の午前中にその生徒が学校の敷地内を荒らしているところを捕らえられていたこと，そして，この1週間，宿題をやってこなかったことを説明しました。彼は以前は授業にきちんと出席していましたし，セルフペースの目標も達成していたので，これはレイにしては奇妙な行動でした。レイの経済学の教師は3日前に突然の行動の変化に気づき，生徒支援チームに依頼しました。なぜこの青年が学校の規則を破ろうと考えたのか，どんな種類の解決が，レイについてわかっていることに適合するだろうか，ということについての意見を出すことが生徒支援チームに課せられました。

　レイの現時点での学業や社会生活についてしばらく話し合った後，カウンセラーが3年間留守にしていた父親がちょうど家に戻って来ていたことを明らかにしました。突然，レイの極端な行動の変化に合点がいきました。チームは，レイのニーズは何か，そしてどんな解決で対処できるかを検討し始めました。レイの成績と出欠表を見直した結果，この春に卒業することが，レイにとって重要であることが明らかになりました。しかし，授業への欠席や課題の不提出が続いたら，卒業日は遅れてしまうことになります。

　チームはレイの行動に関して可能性のある動機を確認し，彼のゴールを理解したことから，焦点を解決に移しました。チームは問題を議論したり，レイのリスク要因に焦点を合わせるよりもむしろ，強さに

155

基づいて学業や出席率に関する困難な課題を克服するために，レイが過去にどんなことをしてきたかについて話し合いました。チームのある教師は，レイが前年の春に教室でランチを食べていたことを持ち出しました。この昼食時間の間に，レイや他の数人の生徒は，早目にまたは期日どおりに宿題を仕上げることができたのでした。その教師は，レイが家で宿題をするのは難しいことをランチのグループで話していたことを思い出しました。昼食時間に宿題を仕上げることが，レイが過去に思いついていた解決であったので，チームはレイに，授業の前か昼食時間か，または放課後に宿題をする時間を設けることを決めました。

　チームはまた，さらに突然の行動上の変化を起こすことはないかと，レイから目を離さないようにすることを決めました。彼の父親がいることで，レイはつらい時間を過ごしていたものの，チームのねらいは彼の困難な課題ではなく，レイのゴールと強さに自分たちの歩調を合わせることでした。チームは，レイが生徒支援チームに依頼されたのは，今回が初めてであることに注目しましたが，次の週もまたチームに依頼される可能性があることを理解しました。これについて異存はないと，チームは結論づけました。チームの目的は，解決に向けた行動を試してみることであるからです。もしこの解決がうまくいかなければ，うまくいくであろう別の解決が存在するはずです。

覚えておくべきキーポイント

- ■ 多分野にわたるアプローチは，解決志向オルタナティブスクールの本質的な一部です。なぜなら，専門家の背景の多様さが可能な解決の数を増やすことになるからです。
- ■ 問題を防ぐために学校のすべての職員は，たとえその行動が危険因子や危機的状況の範疇に入らないとしても，普段は見られない行動を特定して，生徒に対し情緒的にサポートをする必要があります。

■　生徒支援チームは，生徒を援助するためのサポートや知識を提供する幅広い考え方が会話に含まれるよう，多くの専門性を持つ人々で構成されるべきです。

■　生徒支援チームは，個人に焦点を合わせ続けるように設計されています。チームは学校，親，そして学外のコミュニティにある機関が提供することのできる，すでにある解決やリソース（資源）を活用します。

■　チーム会議は，現在・未来志向を続けます。チームはゴールに明確に焦点を合わせた状態を維持します。たとえ，会話を中断して会議の目的を繰り返し，全員にそれを思い出させることになっても，そうします。

■　守秘義務を維持し，学校の記録に残る情報を制限し，そしてチームメンバー，他の専門家および親の間で伝えられる情報量を減らすことが，全員の間での信頼感を強めます。

■　解決志向の生徒支援チームは，カウンセリングやメンタルヘルスのサービスのためのリソース（資源）を頼りとし，親をチームの一員とするよう取り組みます。

まとめ

　本章では，多分野からなるチームの中で SFBT をどのように用いるかを明らかにし，生徒に関して話し合う必要のあることがらを扱うために生徒支援チームを作る方法の具体例を挙げています。また，解決を構築するチームの話し合いの具体的な説明や技術の実例も紹介されています。解決志向の生徒支援チームは毎週集まり，多くの異なる分野からの参加者が加わって，検討を依頼された生徒のために個別の解決を作り出すことを目的とした，解決構築の会話に貢献します。その会話は，ゴールに方向づけられた現在・未来志向のもので，具体的な行動計画で締めくくられます。また，カウンセラーも生徒支援チームに依頼された生徒に注意を向けるようになり，チーム会議の前に生徒

と会って話をして情報を集め，生徒と解決を作り出します。多分野に
わたるチームアプローチは，解決志向オルタナティブ高校での成功を
確かなものにするうえで必要不可欠です。すべての教師が解決志向ア
プローチの研修を受け，このチームでともに活動します。

参考文献

Franklin, C., & Guz, S. (2017). Tier 1 approach. Alternative schools adopting SFBT model. in J. Kim, M. Kelly and C. Franklin (Eds.). *Solution-focused brief therapy in schools* (pp. 52-73). New York, NY: Oxford University Press.

Franklin, C., Moore, K., & Hopson, L. (2008). Effectiveness of solution-focused brief therapy in a school setting. *Children & Schools*, 30(1) ,15-26. doi:10.1093/cs/30.1.15

Murphy, J. J., & Duncan, B. S. (2007). *Brief interventions for school problems* (2nd ed.). New York, NY: Guilford Publications.

Streeter, C. L., & Franklin, C. (2002). Standards for School Social Work in the 21st Century. In A. Roberts & G. Greene (Eds.). *Social workers desk reference* (pp. 8 82-893). New York, NY: Oxford University Press.

6章

カリキュラムと指導

まずはこの話から

　ゴンザーロ・ガーザ独立高校（以下，ガーザ）のある先生[1]は，解決志向ブリーフセラピー（SFBT）を用いた経験を，次のように語っています。

　「解決志向のオルタナティブ高校で働き始めてから，日常的に問題に立ち向かったり学んだりする機会が多く得られました。学校で用いられている解決志向のおかげで，教室内外で直面する状況に対する新しいアプローチを開拓できています。

　例えば，私のクラスに不安を抱えている生徒がいました。その生徒は授業中に，（たいていは文章問題で）難しく感じる概念が含まれた課題が出されると，とても不安になりました。その課題自体は彼女にとって難しいものではなく，湧き出てきた不安感情に向き合うことがつらいことだったのです。課題に不安を投影させてしまうことで，概念理解が難しくなってしまっていました。彼女はもがき，

1　本章で提示された事例は，オルタナティブ高校に通う生徒への研究目的の面接や，これらの生徒と取り組んだ職員の経験から採られています。当該の生徒に対する守秘義務のために，氏名や一部の情報は変更されています。これらの面接の一部は，テキサス大学オースティン校メンタルヘルスのためのホッグ財団（Hogg Foundation for Mental Health）の手厚い支援により可能となりました。

怒り，閉じこもり，中退するとまで言い張ることがありました。正直，最初はこのような状況が続くことにイライラすることがあったことを認めざるを得ません。不安を治すことはできないけれど，（せめて）数学に関する不安にどう対処するか支援することはできると考えました。

　そして，有効な方法を知るために解決志向の手法を用いました。まず，彼女が落ち着いて作業をしているときを見計らい，「落ち着いた様子でうまくこの概念理解に取り組めていますね。今日はいつもと何が違いますか」と声をかけてみました。彼女によると，その日は文章問題が少なくて，概念が理解できるということでした。

　気分を乱さないように配慮し，そのまま作業を続けさせました。次に言葉を掛けたときには，イライラの元となっていそうな文章問題を解くのを助けてほしいと頼まれました。私は心を落ち着かせ，"これまでの問題はうまく解けていましたね。この問題は同じ概念が文章で表されているだけです"と伝えました。彼女は心配そうな顔をして，"私は難しく考えすぎてイライラしてしまいます。それでわからなくなってしまうんです"と言いました。私は彼女の言葉を追って一緒に考えました。今まで，彼女がストレスを感じる状況にどう対処してきたのか，そして多くの場合，その結果があまり好ましくなかったことを話し合いました。そこで私は，"難しい問題に直面したとき，それが好ましい結果となったことはありますか"と聞きました。それがいつだったかは思い出せないけれど，反対に自分がとった反応のせいで状況が悪化したことがあると語ってくれました。その後，反応しなかったときには何がよかったのを話し合いました。

　さらに，目の前の問題について，イライラせずにその問題に慎重に立ち向かうためには何が助けとなるのかを話し合い，呼吸法を試したりゆっくり考えるようにしてみました。また，取り掛かっていない文章を別の紙で隠し，一文ずつ考えるようにしました。一緒に問題を読んでいくにつれて，彼女は情報を書き止め，情報を整理す

るために必要なことの理解ができるようになり，やがて完璧に答えられるようになったのです！　その後には"あれこれ考えすぎたりしなければ，他の人に教えられるぐらいです"とまで言っていました。それからも一緒に座って作業をするときは，この技術を使うようになり，今後の生活の他の面でも今回学んだことをどう活かしていくことができるかをフォローアップしながら，彼女と話し合ったりしています。それ以来，彼女の状態は良くなり，感情が爆発したり，閉じこもったりすることがぐんと減りました」

はじめに

　オルタナティブ高校でのカリキュラムと指導を最も効率よくするには，授業の構造が柔軟であり，少人数でなくてはなりません。加えて，カリキュラムを生徒に合わせて個別化することが重要となります（Alfasi, 2004; Aron, 2010; Watson, 2011）。実際，学校現場における少人数制と個別化はより高い学力をもたらし，エビデンスに基づいた実践の特徴であるとする研究結果が発表されています。この少人数，かつ個別化されたアプローチの利点は，先述の例では，教師が生徒と座って話をし，生徒に合わせて数学の指導を変えることで学びを促進したことに見て取ることができます。さらに，オルタナティブスクールにおけるカリキュラムと指導の厳密さには妥協があってはいけません。危機にある生徒の教育に不利益となるからです。残念ながら，オルタナティブスクールが教育水準を満たすことができないと，低所得，民族的マイノリティ，その他の危機にある生徒の学力の格差を広げることにつながりかねません（Caroleo, 2014; Hahn et al., 2015）。ですが，調査によれば，学力の高いオルタナティブスクールは，他の学校以上に難易度の高いカリキュラム，習熟状況に応じた学習，そして大学への進学準備プログラムが用意されていることが確認されています（Aron, 2010; Institute of Education Sciences, 2010）。

　さらに，危機にある生徒に対して最も効果的に教育を行うことがで

きている高校は，メンタルヘルスケアとソーシャルサービスの支援が学校で受けられ，包括的支援や様々なコミュニティサポートを得られることから，コミュニティ・スクールのような構造だともいわれています（Bathgate & Silva, 2010）。本章では解決志向オルタナティブ高校でどのようにカリキュラムを教え指導を行うか，いくつかの例を紹介します。SFBT の原則に基づき，次のような要素を提供するように作られたカリキュラムと指導へのアプローチについて話します。すなわち，高い期待の設定と厳密に設定された教育，ゴールに焦点を合わせたアプローチ，少人数かつ個別化された授業，生徒のペースで進める学習，そして専門的な指導支援のできる人材の十分な確保です。加えて，卒業する生徒の電子記録となる e ポートフォリオと，個別に行う卒業式についても紹介します。この個別の卒業式は「スターウォーク」と呼ばれ，e ポートフォリオとともに，個別化の内容や SFBT の原則が解決志向のオルタナティブスクールでの指導プログラムの核心にどのように組み込まれているかがよくわかります。最後に，カリキュラムと指導において教師陣がどのように SFBT を活用しているのか，いくつかの例を交えてまとめます。

解決志向オルタナティブ高校における カリキュラム作成と指導

　解決志向オルタナティブ高校の構造とカリキュラムは，生徒自身が自分の学習における解決を構築し，すでにある目標，強さ，リソース（資源），やる気を活用しながら，卒業できるように計画されています。カリキュラムと指導は以下の要素を念頭に計画されています。

- 高い期待の設定と厳密に設定された教育
- ゴール志向アプローチ
- 少人数かつ個別化された教育アプローチ
- 生徒のペースで進める学習

■　専門的な指導支援のできる人材の十分な確保

高い期待の設定と厳密に設定された教育

　解決志向オルタナティブ高校では，どの教科においても教科担任はカリキュラムと指導に関して，相当量の自由裁量権が与えられ，プロジェクトや課題も選ぶことができますが，州が定める教育規定基準に準ずることは必須であり，省略することはできません。生徒が理解できないだろうからという理由で，教師がカリキュラムを楽にしてしまうと，学力格差を生むもとになります。そのかわりに解決志向オルタナティブ高校の教師は期待を高く設定し，生徒自身がすでに持つスキルを特定し，強化していくことで教育上の成功を収めるでしょう。課題学習は厳密に設定され，簡単ではありませんが，教師がパートナーとなり，生徒主導で進む学習プロセスを支援します。カリキュラムは州で定められている単元に基づいているので，新入生は入学とともに必要な教材を受け取ると，以前在籍していた学校で学び残した単元から始めることができます。

　ガーザのある教師は様々な生徒に対して高い期待の設定と厳密に設定された教育を維持する工夫を，次のように語っています。

　「とても頭脳明晰だけれど，ときによっては難しい課題に取り組む意欲のない生徒がいたとして，そんな場合でも，彼らの習得レベルより低いレベルの本は読ませません。例えば，スティーブン・キングの本を読むことは認められないでしょう。頑張っているけれども教材の理解に苦戦しているような生徒であれば，ある戯曲を3週間で読むように指導したり，別の生徒には同じ戯曲の課題をもっと早く終わらせるように指導したりすることがあります。それぞれの生徒の習得レベルに配慮し，"この生徒を支援していくためにはどうすればいいだろうか。この生徒をやる気にさせてそれを持続させるものは何だろうか。別のレベルを学習している生徒にはどのように指導しようか"などと自分に問いかけています」

このアプローチにおいて重要なポイントは「カリキュラム自体は変わらない」ということです。州の課する試験は定められた方法で，指定期間内に実施・完了しなければなりませんし，生徒は内容を理解したことを示す必要があります。このような点は変更できませんが，カリキュラムの履修を変えることはできます。例えば，ある生徒が2月に AP プレ微積分学の学習を終えたとしても，試験に向けて州内の他の高校生と同時期の5月に，2週間の復習単元を履修することができます。

ガーザは通年開校しており，アメリカでは9月に始まる通常の学校年度に加え，本来は休みである夏の間も授業をしています。卒業要件を満たすには主要科目に集中した4時限分の単位を取得しなければなりません。ガーザでの典型的な一日のスケジュールを，表6-1に紹介します。

ガーザはカリキュラム，そして，教科課程と卒業要件に詳細に記されたゴール達成に専念するため，スポーツやその他の部活動を省いています。しかし，生涯続けられるような地域スポーツに参加することを勧めています。学校にスポーツチームはありませんが，生徒にとって愛校心のシンボルとなる「グリフィス」という名前のマスコットがいます。生徒はお互いに関わり合ったり交流したりできますが，通常の授業時間外にキャンパスにいる義務はなく，また，いわゆるスクールカーストのようなものもなく，チームに所属しなくてはならないピアプレッシャーもなく，競争的な雰囲気もありません。もっとも，解決志向オルタナティブ高校では，友人同士で徒党を組むことはほとんどなく，全員が同じように大切にされ，敬意を払われる存在であると認め合っていることが特徴のひとつとしてあります。

ガーザでは教室外での勉強は必須ではありませんが，早くその教科の履修を終えるために宿題を進んでする生徒もいます。個別のペースで進めるスケジュールによって，ローリング・アドミッション[2]が円

---

[2] 訳注：通年で願書を受け付け，入学審査を実施する制度。

滑に進み，新入生は隔週のタイミングで入学でき，オリエンテーションに参加することができます。オリエンテーションと入学手続きに関しては，2章にまとめられています。入学時期にかかわらず，ガーザの生徒になれば生徒中心で個別化された教育を受けられ，初めからやり直す必要がありません。例えば，10月中旬に入学したある生徒は，すでに代数Ⅱの授業を6週間受講済みかもしれません。その生徒は代数Ⅱの授業の初日から始める必要はなく，同じ教科を受講している他の生徒と同じ場所から始める必要もありません。その生徒自身が次に進むために適切なステップを踏めばいいのです。コラム6-1には，ガーザのカリキュラムと指導の主な構成要素が記されています。

表 6-1 ガーザの一日のスケジュール

1 時限：	9:00–10:10	数学
2 時限：	10:10-11:20	理科
昼食時間：	11:20-12:05	社会
3 時限：	12:05-1:15	国語
4 時限：	1:15-2:25	選択科目
5 時限：	2:25-3:35	選択科目

コラム 6-1　ガーザのカリキュラムと指導

通年開校

ガーザは通年開校しており，アメリカでは9月に始まる通常の学校年度に加え，休みである夏の間も授業を行っています。

随時入学可能（ローリング・アドミッション）

新入生は2週間ごとに入学可能で，オリエンテーションに参加することができます。入学時期にかかわらず，ガーザの生徒になれば生徒中心で個別化された教育を受けることができ，初めからやり直す必

要はありません。例えば，10月中旬に入学したある生徒は，すでに代数Ⅱの授業を6週間受講済みだとします。その生徒は代数Ⅱの授業の初日から始める必要はなく，同じ教科を履修している他の生徒と同じ場所から始める必要もありません。その生徒自身が次に進むために適切なステップを踏めばいいのです。

複数単位取得授業

　ガーザでは，複数単位を取得できるコースを用意しています。例えば，政府（0.5単位），裁判制度と実務（1単位），体育と野外活動（0.5単位）と社会科関連の特別テーマ（0.5単位）を組み合わせたコースは，2.5単位取得することができます。このコースを履修する生徒は，非常時対策，サバイバルスキル，心肺蘇生法（CPR）と応急処置資格取得，化学機動中隊（hazmat）訓練，刑事裁判手続きなど，地域に根付いた豊かな経験を積むことになります。

混合指導

　コースは（学校にあるコンピュータを使用して）オンライン，または，対面授業の学習を組み合わせて履修することができます。オルタナティブ高校の生徒が利用できる技術環境は，学区内で利用できるコンピュータやソフトウェアと同基準のものです。オンラインコース内容は，州と学区の指針に準じています。

オンライン学習

　ガーザ高校オンライン（Garza High School Online）のシステムは，他の地元の公立高校に通う生徒が，高校卒業に向けて単位を取り直したり早く取得したりするために，オンライン上で授業内容を組み立てられるような教育の機会を提供しています。ガーザ高校オンラインには州規定の試験に向けて，復習教材が用意されています。復習は単位取得とはなりませんが，試験対策に役立つ資料となっています。

宿題なし

　ガーザでは，教室外での勉強は必須ではありませんが，その教科
を早く学習するために宿題を進んでする生徒もいます。

ゴール志向

　カリキュラムと指導に関する解決志向を用いた会話では，まず生徒
指導上の問題に言及することもありますが，すぐに生徒のゴールに話
を戻し，つねにその生徒が目指したい方向を示して，その目的地に到
達するために学校の教職員がどのようにツールを提供できるか話し合
います。ある教師は，行き詰まって進歩がなかなか見られなかった生
徒に対し，ゴールを志向することが役に立った事例について話してく
れました。

　「この生徒は，はじめはとても言い訳が多く，弱音を吐くこともた
まにあり，出席数も問題でした。そこで，彼女にとって必要な課題
を学習するための方法をいくつか検討してみました。彼女は1年半
の間，同じ学期の授業を受けていました。そして，課題の進捗度を
示したポートフォリオを見ながら，これまでにとてもうまくできた
課題や作業について話し合いました。その後，ベンチマーク評価を
行い，どこに差が表れるのかを探しました。私の用いた方法は，問
題やつまずいたところを明らかにすることと，ウェルフォームド
ゴール[3]を描くことを組み合わせたものでした。依然として出席数
が懸念されましたが，ゴール（アメリカ史と政府/経済の授業を夏
中に終わらせる）を話し合い，彼女自身もそのゴールの達成に意欲
を示しています。話し合うことで，彼女に合うカリキュラムを作成
する答えが見つかりました。彼女は従来の方法で課題に取り組むこ
とを好み，コンピュータで課題に取り組むことが苦手です。今では

---

[3]　訳注：ゴールとして必要な形式的条件を満たした適切なゴール。

自分から質問をするようになり，授業に出席した日はいつも進歩が感じられます。これは彼女にとって大きな転機でした」

　学習におけるゴールは，決めた時間内に達成可能なサイズへとさらに細分化されます。ガーザの教師陣は，このゴールを，一定期間内で学習内容を習得するのに妥当な期日としています。ガーザでの目標に向けた進捗度を定めて評価するひとつの方法に，SMART ゴールシートがあります。SMART ゴールシートは目標設定について述べた 4 章で紹介されています。その他にも，生徒自身が単位取得に向けた進捗度を確認できるように，カレンダーを活用している教師もいます。生徒と教師の両者はこのカレンダーを，卒業するためにどれほど履修が完了しているかを継続的に評価するツールとして用いることができるでしょう。さらに，解決構築の会話によって生徒自身が設定したゴールに向けた進捗度を自分で確認するときにも，教師はこのカレンダーを用います。参考までに，その活用事例を二人の教師に紹介してもらいました。

　一人目の教師は，多くの配慮が必要な生徒を指導する際の難しさについて，次のように語っています。

「一番大変なことは，あまり進歩が見られない一部の生徒に対応しなくてはならないことです。どんな場合にも通用する模範解答があればいいのですが，残念ながらそのようなものはありません。最も効果的なのは，やはり卒業までの日数が記されたカレンダーを渡し，授業を履修するために必要な課題や試験を書き込んでもらうことです。やり遂げることができると伝え，何かわからないことがあればいつでも支援を受けられると知ってもらうこと。そして，やり遂げるには努力が必要で，やり遂げれば良い結果が待っていると伝えることも効果的です」

もう一人の教師もまた，生徒がゴールに向かって前進することに集

中できるよう，どのようにカレンダーを使って指導したのか話してくれました。

　「エイデンという生徒は，なかなか望ましいペースで課題を提出しない生徒です。しかし，生徒支援サービスに依頼状を書く前に，教わった解決志向の技術をひとつ試してみようと思いました。まず，廊下でエイデンに今の状況を話しました。彼は不平をこぼすことも，"それはひどい"などと言うこともなかったので，"課題提出が遅れていることを心配しているから，どんな様子なのか話し合おう"と伝えました。彼は黙り込んでしまいました。そこで私は，今の状態から抜け出し前進するためにお互い何ができるのか聞いたところ，また沈黙で返されました。いつガーザから卒業したいのか聞いてみました。すると，そんなことは考えたことがなかったそうです。私はカレンダーを取り出し，"では，今の状況を見てみましょう"と言って，週に一度課題を提出する予定を数週間分書き込んでいきました。しばらくすると，エイデンはこのままのペースだとやはり（予定どおり卒業するのに）間に合わないと認め，そして驚くことに，集中できないから授業中にコンピュータを使うのをやめると言い出しました。私がそう言うまでもなかったのです。まさに有効な技術といわれるだけのことはあります！」

少人数かつ個別化されたアプローチ

　少人数制は，教科内容を学習するための個別指導を容易にします。ガーザでは，夏の期間中は各クラス12人程度，通常年度内は15～20人程度です。各クラスは教師と補助教師が担当しますが，ファシリテーターと呼ばれるこの教師たちは教室の前に立って講義をしたり，課題を指示したりしているわけではありません。そのかわり，生徒が机やコンピュータの前に座って，ときにはヘッドホンをつけながらそれぞれに課題に取り組んでいる中，教師と補助教師は一人ひとりの生徒に対応し，挙手や質問に応じます。

ある先生は，少人数制のおかげで，カリキュラムを個別化でき，生徒の数学の習熟度を高めることができたと話してくれました。

　「第一言語がスペイン語の生徒が何人かいたのですが，数学の教科書は英語とスペイン語の両方で出版されているので，スペイン語の教科書を使用することを許可しています。中には英語とスペイン語両方の教科書で勉強し，テストをスペイン語で受ける生徒もいます。そうすると，成績がグンと上がったのです。生徒が大人数のクラスであったら，言語によるつまずきに気づけたかはわかりません。そのような生徒は大人数の中では静かにしていることが多く，成績が思わしくなかったことでしょう。このように，それぞれの事情がわからないために見過ごされるケースは多いと思います。教師であれば誰でも最初は，生徒のニーズに応えるために，カリキュラムを個別化したいという思いを持っていると思います。しかし，生徒数が多すぎると圧倒されるようになっていくのです」

　さらに，教師は一日中，様々なレベルで授業を行い，生徒と話し合いながらカリキュラムを個別に設定し，あらゆる教科で能力を発揮できるようにします。そのためには，教師は柔軟であるべきで，教科範囲を熟知し，いつでも幅広い質問に答えられなければなりません。
　この方法で生徒を教えるのは難しいことのように思えるかもしれませんが，実際は，創造的でワクワクする教師もたくさんいることでしょう。幅広い知識とスキルを駆使できる場所で働けると思うことは，気分爽快なことでもあります。ガーザでは，カリキュラムを作成する時点ですでに，こうした深い教育能力が教師に求められるのです。カリキュラムは必要とされる専門性の程度に応じて，個々の教師，または教科内チームで作成されます。従来の学校と同様，教師は個別化された指導を円滑に進めるためのリソース（資源）や教材を共有します。そして，特別支援教育コーディネーターは必要に応じて，特定の授業内容を修正するのを助けます。カリキュラムは生徒主導で進められる

ように計画されるものの，生徒が質問しやすいような雰囲気を作ることが求められ，生徒がすべて一人で終わらせることを示唆するものであってはなりません。教師自身がカリキュラムを熟知し，専門性を備えていれば，どんな生徒にも教科を習得させる支援ができる自信がつきます。2章で紹介したとおり，カリキュラムと指導のエキスパートである専門性の高い教師は，解決志向オルタナティブ高校において貴重なリソース（資源）となり，チーム内でリーダーシップを取る人材となることで，カリキュラム作成を成功に導くことができます。

生徒のペースで進める学習

　生徒のペースで進めるカリキュラムは，従来の授業におけるカリキュラムと同じゴールから構成されます。唯一の違いは，各生徒が授業目標の理解を深め，それを示すためにそれぞれ必要な時間をかけられることです。解決志向オルタナティブ高校の多くの生徒にとって，ひとつの授業に必要な個人の時間は，30人制のクラスに比べ，はるかに少ないです。例えば，ガーザの生徒は，クラス内の他の生徒のニーズに合わせた余分な課題を強いられることはありません。他の生徒に合わせると，ある生徒にとっては授業がつまらなくなったり，身が入らなくなってしまう可能性があります。さらに，まだ完了していなかったり十分に理解できていない段階で，次に進むように促されることもありません。生徒自身が次に進む準備ができているならば，課題を完遂したと示す必要があります。そして生徒は教師とともに進捗度を見直し，一緒に次の授業や単元を決めて新しいゴールを設定します。ある教科の理解に時間や別のアプローチが必要であれば，教師はその生徒にもっと時間をかけて，クリティカルシンキングを促す質問をしたり，学習スキルを育てる支援をしながら，当該カリキュラムの内容をさらに探っていきます。

　単元の導入の枠組みを作る会話は，生徒のペースで進めるアプローチにおいて，大事なステップのひとつです。ガーザでは教師が生徒に出発点を準備し，完了までどのくらいかかるかの目安が決められるよ

うにそばで支え，生徒自身が自分に合った方法を選んで進められる機会を提供します。クラス全員に同じ本を読ませて授業の共通理解を求めた場合，必然的にその体験に対する好き嫌いが出てくるでしょう。本をちゃんと読む生徒もいれば，読まない生徒も出てくるでしょう。課題を終わらせても何ら達成感を感じない生徒も出てくるでしょう。一方，教師が2冊の小説を比較することを課題とし，学習成果を得る足掛かりを準備すると，生徒と教師は協働してその課題をおもしろくて意味のあるものにすると同時に，学習の必須要件を満たすこともできます。生徒にとって『フランケンシュタイン』と『スターウォーズ』の小説を読んで，課題の質問に創意工夫しながら答えるほうが，『緋文字』を読む以外に選択肢のない課題を終わらせるよりも，一所懸命になれることでしょう。カリキュラム作成の過程に生徒を参加させることで，生徒自身が労力を惜しまず関心をよせるようになり，生徒一人ひとりに自分自身の価値観とやる気を育むことにもつながります。

特別支援教育担当者

　生徒全員が成果を得られるように，解決志向のオルタナティブスクールは，特別支援教育ができる人材を確保するようにしています。ガーザは，カウンセリングやその他の支援ができる専門家を多数雇用しており，入学時から卒業までの過程で慎重に生徒を見守り，関わっています。コミュニティ・イン・スクールズと呼ばれる外部の中途退学防止プログラムもキャンパス内で運営され，ソーシャルワーカーからの支援や追加カウンセリング，補習サポートや成績モニタリングなどが受けられます。さらに，学校は熱心な地域ボランティア，メンター，チューターなどにも支えられており，テキサス大学オースティン校スティーブ・ヒックス・スクール・オブ・ソーシャルワークとも提携しています。ガーザは，学業におけるゴールを達成するために必要となるリソース（資源）を，生徒自身に用意させるのではなく，外部のリソースを校内でも利用できる環境を整えています。キャンパス内にはカウンセリング・クリニックが設置されており，ソーシャルワーカー

や精神保健の専門家がカウンセリングを行ったり，喪失やストレスを抱えた生徒のグループセッションを行うことができます。

　さらなる支援が必要な生徒は，特別支援教育担当者に助けを求めることができます。特別支援教育担当者の他とは異なる役割の例として，あるカウンセラーが，卒業というゴール達成に向けて，特別な援助を必要とした生徒との取り組みについて話してくれました。

　「あまりやる気の見られない最高学年の生徒と，毎週の確認作業と目標設定をしています。彼は学校に時間どおり登校することも課題なので，カリキュラムを終えたことをもちろん祝福するのですが，時間厳守が成功につながることも思い描けるようにサポートしています。最近では，彼に目を閉じてもらい，私が卒業式の歌を口ずさむ間に，自分が卒業帽とガウンを着ているところを想像してもらいました。それからは遅刻することが半分に減り，彼にとって最も難しい授業も残すところあと 2 章分となっています」

　同じく，出席率を改善するために特別な支援が必要だった生徒のケースについて，あるソーシャルワーカーが話してくれました。

　「教師から出席率が懸念されるとしてソーシャルサービスに依頼状が来て，ある女子生徒と話し合いました。その生徒と会って登校しない理由を聴くと，家庭環境と仕事が主な理由でした。彼女の両親は亡くなっており，親戚と住んでいるのですが，その親戚が彼女のフードスタンプを自分のために使ってしまい，彼女は家賃を払って同居している 3 人の親戚を養うために，2 つも仕事を掛け持ちしているのでした。私は，学校と仕事を両立することがどれだけ疲れるのか，スケーリングクエスチョンを用いて数値化してもらいました。私たちは数週間にわたって，スケーリングクエスチョンでの数値を上げるために戦略を練り，過去の成功体験に焦点を合わせました。すると，彼女は仕事でも毅然とした態度をとり，自分と学校を優先

させることで前進し始めました。その生徒は，自分の信頼につけこ
ませないという，生涯にわたって人間関係にも応用できる教訓を学
んだと報告してくれました」

カウンセラー，ソーシャルワーカー，その他のメンタルヘルスに携
わる専門家も，教師とともに生徒支援サービスのチームの一員として
活躍しており，教室内でつまずきを感じている生徒を支援しています
（このチームワークの詳細は5章で説明しています）。ソーシャルワー
カーへ依頼を行ったある教師は，授業でその生徒と続けている取り組
みを，次のように説明しました。

「授業の初めに，その生徒はあまり気分が良くなさそうで，その日
は国語の授業は受けたくないと言いました。少し話した後，生徒は
自分の気分を伝え，徐々に家庭内の問題についても話してくれまし
た。カウンセラーとは会いたくないとのことでした。そこで，歴史
の課題に関しては資料を読み込むことに専念し，いくつかメモを取
るだけにして，月曜日には問いに答えられるように準備してくること
とを提案しました。その後，ソーシャルワーカーへ依頼できるよう，
コミュニティ・イン・スクールズに連絡を取りました。再度，教室
内で1段階レベルアップするにはどうすべきか聞いてみました。た
だ読み進めたいというのが彼の答えだったので，国語の授業用に
20分間読書をした後，世界史の課題に取り組み，さらに時事問題
についてディスカッションをして，授業を終わりとしてもいいと伝
えました。加えて，時事問題のディスカッション用に果物のおやつ
を持ってきたことも伝えました。そうすると，彼は国語の授業用に
15分間読書をした後，自分で世界史の課題へと移りました。彼の
気分は改善されていました。様子を見ていると，調子が良く，課題
もはかどっていました。その後，ソーシャルワーカーから連絡が入
り，短く面談しました。時事問題の授業には積極的に参加していま
した」

卒業 e ポートフォリオと「スターウォーク」卒業式

ガーザの最高学年の生徒は，高校生活で成し遂げたことの集大成が記録された電子版のポートフォリオを作成し，将来や卒業後の具体的なゴールに向けて胸を躍らせます。ポートフォリオには丁寧にできた課題，コミュニティ・サービスの活動，進学・就職に関する調査結果，ゴール設定，推薦状，卒業エッセー，専門的に学んだ内容についての履歴書が含まれます。後述の「スターウォーク」と呼ばれる個別に行われる卒業式では，卒業生がその e ポートフォリオを家族や友だち，教師に見せます。卒業 e ポートフォリオは技術の選択科目内の課題の一環として作成したり，卒業スピーチの題材としたり，それだけで単位を取得することもできます。コラム 6-2 には二人の生徒が書き上げた卒業エッセーが紹介されています。

コラム 6-2　卒業エッセーの例

卒業エッセー A：

　長い間，現実逃避にすがることで，何とか日々を過ごしてきました。自分が幸せな現実を夢見て過ごしていました。高校を卒業して，大学に通っているところを想像しました。明るい未来を思い描いていました。でも，現実では私はひどいうつ状態で，学校にはほとんど通っていないし，ベッドから出ることさえもままならず，未来なんて闇の中でした。今，ここに立っている私は，つい数年前まで不可能だと思っていたことを実行しています。

　私の名前はメアリー・ケイトです。私のことを知らない人は，もしかしたら図書館で本にかじりついているときや，美術室で新しい美術のプロジェクトに取り組んでいるときに見かけたことがあるかもしれません。日によって，とても社交的だったり引っ込み思案だったりします。学校にいないときは，仕事をしていたり，コーヒーショッ

175

プで絵を描いたり，文を書いたり，本を読んでいたり，たいていコーヒーを飲みすぎたりしています。

　ご存じないかと思いますが，私はいつからかずっとうつ病に苦しまされてきました。8年生の途中，いまだかつてないうつ状態に陥りました。現実は歪められ，生きている意味が見つかりませんでした。諦めてはいけないことはわかっていました。取り返しのつかないことをしてしまうと，周りへの影響がどれほどひどいものか身を持って経験していたので，家族に対してそんなことはできませんでした。私は，自分の人生を大きく変えなくてはと決心しました。

　私の人生に悪い影響をもたらす人とは縁を切り，新しいスタートを切るためにガーザに入学しました。前の学校では，ほとんどの生徒から存在すら知られていなかったし，先生たちからは中途退学まっしぐらだと思われていました。初めてガーザを訪れたとき，意表を突かれたのを覚えています。学校であんなに歓迎され，心地よかったのは初めてでした。入学したての頃は結構大変でしたが，何しろ人生で初めて学校に行くことが楽しみになったのです。この学校では課題が強制されることがないことに気づきました。でも，やらなければ自分で自分に後れをとらせることになるとも知りました。随分長い間先延ばしにした後，本当に懸命に自分を駆り立てるようになりました。確かに思ったより時間はかかりましたが，それでもいいと思えました。学んでいる内容を実際に理解する時間が与えられ，良い成績を取ることができました。ガーザと，私が能力を発揮できるよう背中を押してくれた素晴らしい先生や職員の方々のおかげで，今の私があります。一人ひとりにお礼が言いたいですが，終日かかってしまうことでしょう。

卒業エッセーB：

　私はムーンです。私のことは知っていると思いますが，今日，私はガーザの一番新しい卒業生となります。ガーザに初めて来たのは，

2015 年 11 月 15 日でした。その日は私の 15 歳の誕生日で 9 年生[4]の初めの日となりました。この学校に初めて来たその日から，学校生活に没頭しようと努力しました。私は自分の担任やカウンセラーではなかった方，ならないだろうと思った方も含めて，ガーザのほとんどの教職員の方々と仲良くなりました。

　ここではすごく特別な友だちもでき，みんな大好きです。25 校目を退学してからもう何校通ったか覚えていません。住む家もいろんなところを転々としてきました。ひとつの街，ひとつの学校で過ごした時間は今が一番長いです。私は素早く順応する方法を学び，とても観察力があります。自分が思うには，私は話しやすいし，人の話をよく聴くし，信頼できるし，自分に対して自信があると言いたいです。

　私は誠意，思いやり，決断力，そして優しさを大事にしていて，何をするときにもこの性質を活かそうとしています。人生における全般的なゴールは，気持ちよく暮らしていくことです。私にとって"気持ちよく"とは，アート，音楽，執筆，創作，積極的行動とともに生きることです。善いことをして，世の中に貢献したいと思っています。つらいこともあるとはわかっています。だけど，それだけの価値があるだろうことも知っています。

　今まで何度も，ここまで来ることはできないだろうと思っていました。死んでしまっていると思っていたからです。そうならなくてよかったです。ガーザのおかげで私は生きています。本当です。ガーザに来なければ，ガーザを作り上げている素晴らしい教職員の方々と会うことがなかったら，私は今ここに立っていないでしょう。在校中は毎朝，学校に行くのが楽しみでした。私が成功するのを楽しみにしてくれている人たちに会うのが楽しみだったのです。ガーザは私の心のよりどころであり，家であり，家族です。

　これからは，フルタイムで働いて，まずは性転換手術の費用を貯め，仲の良い友だちと，一緒に住む資金を貯める計画をしています。アメ

4　訳注：日本の高校 1 年生にあたる。

リカ横断をするロードトリップに出かけ，ヨーロッパ，ボリビアや日本などをバックパッキングしたいと思っています。そして，その後いつかはオースティンコミュニティカレッジに入学して，働きつつ，新しい人生のステージを楽しみたいと思っています。

　ここで，カウンセラーのアマリ先生に感謝の意を述べたいと思います。あなたがいなければ，私はガーザにさえ入学していなかったかもしれません。トラビス高校での1年目にあなたと出会えたことは，本当に最高なことでした。ガーザに入学するため，それもできるだけ早く入学するために，何をするべきか教えてくれてありがとうございます。ガーザには，自分を愛することを学ぶ手助けと，成功するために必要なサポートをたくさんくれて，ありがとうと言いたいです。自分自身を作るのは私です。まだ自分を愛することを学んでいる途中ですが，それでいいのです。

　スターウォークは感動あふれる個人別卒業式で，従来行われる6月の卒業式とは別に執り行われます。ガーザでは，生徒それぞれのペースで学習を進めるので，学期の途中で卒業することは珍しいことではありません。そして，春学期終了まで待たずに，その生徒の成功を祝うため，スターウォークを挙行します（Franklin & Streeter, 2003; Kim, Kelly, & Franklin, 2017）。スターウォークには校長，生徒の家族や仲のいい友だち，そして当該卒業生の選んだ関わりのあった職員が参加し，生徒による卒業eポートフォリオの発表後に行われます。まず，校長またはほかの職員が，卒業や卒業後のゴール設定に至ることとなったその生徒の具体的な強さや資質を発表します。そして，「ガーザスター」として知られるガーザの校章が彫られたガラス製の星型エンブレムが贈られます。その瞬間を記念写真に収めた後，音楽が流れ，職員や他の生徒が声援を送ったり拍手をしたり，シャボン玉を吹いたりする中，生徒は一団を率いて廊下を歩きます。職員は腕を伸ばして頭上でアーチを作るように合わせ，その下を生徒が通ります。アフリ

カンドラムが鳴り響き，行列を成して学校の中を行進します。

　スターウォークは変化を促す SFBT の技術に即しています。このセレモニーは，生徒が自分で設定したゴールを達成したことを祝うものだからです。強さや能力に光をあて，生徒が学校，家族，そして地域からコンプリメントをもらえる機会を作ります。この卒業式は生徒の個性と自発性を儀式として祝うものなのです。

教師はどのように SFBT を活用するか

　ソーシャルワーカーやカウンセラーが変化を促す SFBT の技術を活用して生徒を支援する例はたくさんありますが，教師が授業中の指導に SFBT を活用できる例はわずかしかありません（例えば，Metcalf, 2003）。知られているかぎり，教師がオルタナティブ高校で危機にある青年に対して，実際にどのように SFBT を活用しているのかを示した例はありませんが，本章では教師が授業中の指導で SFBT を用いる例を紹介しています。これらの例はガーザの教師によって紹介されたものであり，そのままの言葉で書かれています。

例外と過去の成功体験

　月曜日の朝の 1 限目。生徒が登校してきます。笑顔で教室に入る生徒もいれば，まだ眠そうな目をした生徒もいます。それぞれ集まって挨拶をし，その日の最初の授業となる数学に必要な用具を揃えます。学習を始める時間だとわかってはいても，生徒たちはできるだけそれを先延ばしにしようとします。でもやがては座って授業を始めます。

　その中で，スージーという生徒が代数の問題とにらめっこをしています。私がおはようと言って近づくと，不機嫌そうに「これ，わかりません」とこぼします。

　「そうなのね」と私は応え，「では，具体的に何がわからないのか考えてみましょう。知っていることを教えてください。知っている知識は何かあるはずで，そこから広げていきましょう。以前，この問題と

似たような問題を解いてみせてくれましたよね。すごかったですよ。あの問題をどうやって解いたかを思い出してみて，その方法をこの問題にどう応用するか考えてみましょう」と続けました。

　スージーは手を止め，以前解いた問題を見返しました。そこに書かれた手順を読んでいくうちに，目が大きく開き始めました。これが「ああ，なるほど！」と思うアハ！体験の瞬間です。

「そうだ！」とスージーは嬉しそうに言いました。「思い出した。この数式をイコールゼロにして，変数を明らかにしないといけないんだ。わかった！　あぁ，なんだかバカみたい」

「そんなふうに思わなくていいのよ。わからなかったから助けを求めた。助けが必要だと気づき，それを求めたのはいいことだわ。そして必要な情報を思い出して自分で問題を解いたの。ちょっと気持ちを落ち着かせる言葉かけと，参考になる問いかけが必要だっただけ。他は全部自分でやったでしょ」

　この状況では，生徒の気持ちに働きかけてやる気を出させました。つまり，彼女はイライラしていましたが，過去の成功体験を思い出させることで，その気持ちを和らげたのです。具体的には「以前うまくいったときにはどうしたの？」といった質問をすることです。彼女が過去にどのようにしてそこにたどり着いたのか，そのステップをもう一度試してみるよう勧めることが，第一歩を踏み出すきっかけとなりました。彼女自身が過去の成功体験の元となったステップを思い出したときには，イライラやストレスはすでに飛んでいってしまっていました。

　別の教師は，例外を聞き出す質問の例を示してくれました。ここでは生徒との会話の内容の一部を書き出して紹介します。

教師：　　「ジョーダン，おはよう。今少しいいかしら」
ジョーダン：「はい」
教師：　　「最近遅刻が多いことに気づいていますか。ここ2カ月

で 14 回遅刻していますね。そうすると，授業に 40 分し
か出ていなくて，あまり進んでいないのではないかと心
配しています。この課程を修了するのに時間がかかりす
ぎてやる気が失せてしまってほしくないのです」

ジョーダン：（よくある返答）
「バスが遅れるんです」
「迎えが遅かったんです」
「朝起きるのが苦手なんです。親は朝早く出かけてしま
います」
「目覚ましが聞こえなくて」
「あまりよく眠れなかったので」

教師：「では，時間どおりに登校できたときは，何が違うから
間に合うのですか」

ジョーダン：「朝早めに起きてバス停に向かいます。お母さんが朝ご
はんを作ってくれたり，二度寝しないように気をつけて
くれるのも助かります。あとは，前の夜に早く寝ること
もひとつの理由です」

教師：「そう，何が違いを生むのかしっかりと考えているみた
いね。では，遅刻しないで済む良い習慣は何か思いつき
ますか」

ジョーダン：「やっぱりお母さんが朝ごはんを作ってくれるとやる気
が出るし，気分もいいです。バスに間に合うにはもう
少し早く起きないといけないことはわかっていますが，
ぐっすり眠れていない日は難しいです」

教師：「ベッドに入る時間をきちっと決めることはできますか。
携帯電話を切って，テレビも消して。そうすると結果に
現れそうですか。ベッドの横に紙とペンを置いておいて，
その結果を記録することはできますか。もしくは，出席
状況が良くなるように他の具体的な方法は思いつきます
か」

ジョーダン：「お母さんに新しい目覚まし時計を買ってもらうこと。
　　　　　　お母さんにバスの中で食べられるような，電子レンジで
　　　　　　温めるだけの朝ごはんを買っておいてもらったり，お母
　　　　　　さんが朝に家を出るときには僕の部屋のドアを開けてお
　　　　　　いてもらってニュースをつけておくとか（そうすると，
　　　　　　起き上がらなくてはならなくなるでしょう。ニュースを
　　　　　　聞くのは好きじゃないんです。すごくイライラするか
　　　　　　ら）。時間やがんばれたことを自分でわかるようにメモ
　　　　　　に書いて貼っておくこともできます。自分のがんばり具
　　　　　　合を記録するっていう先生の案も好きです。そうすると
　　　　　　何がうまくいっていないのかわかる気がします」
教師：　　　「そう，すごくいいアイディアが満載ですね。いつから
　　　　　　始めますか。私があなたの助けになるよう，できること
　　　　　　はありますか。何がうまくいっているか再検討できるよ
　　　　　　うに，1，2週間後にもう一度このことについて話し合っ
　　　　　　てみましょうか」

ミラクルクエスチョン

　「プレ微積分学を受講しているある生徒が，この科目の受講を途中
でやめたいと言ってきました。彼女はその授業を3カ月受講してい
て，進み具合が遅かったのですが，それはカリキュラムの難易度が
高いことと，やる気があまりないことからでした。今までその単位
を落とさずにすんだのは，ひとえに母親のおかげでした。その生徒
は，"春に18歳になったらすぐ，受講クラスを必要最低限にして，
プレ微積分学の授業はやめます。だから今ここであまり進まなくて
もいいんです。数学は好きだけど，必死に努力するだけの価値があ
るのかわかりません"と話しました。

　彼女の進み具合が遅いことと，自分が彼女をやる気にさせられな
いことに対して，私はイライラしていました。私が問題だと感じて
いることは，その生徒にとって問題ではなかったのです。彼女から

すると，数カ月待って単位を落とせばいいという解決がすでにあったからです。

　最終的に，会話の中でミラクルクエスチョンの修正版であるファンタジークエスチョンをしてみました。"もし指をパチッとならして自分が望むとおりの状況にできたとしたら，ガーザでのこれからの数カ月はどのようなものになるでしょうか。それと，ガーザを卒業した後は何をするでしょうか"。彼女の答えは，やる気満々で授業も積極的に取り組み，最低限だけこなす計画は却下するだろうということでした。高校卒業後は4年生大学に通い，工学または生物学を専攻したいと言いました。以前は数学が簡単だと思っていたけど代数IIの授業で嫌な思いをして以来，プレ微積分学はもう難しすぎて終えられる気がしないと打ち明けてくれました。

　そのようなことがわかってから，大学で数学が重要な基礎となる学科に進む前にプレ微積分学の課程を終わらせることや，せめて一所懸命がんばることの重要性に気づかせる方向に会話の舵を切ることができました。学習のペースを上げ，自信を持つための解決を，今一度，確認しました。彼女は，私が以前に提案したアイディアを挙げてくれました。もっと頻繁に助けを求めたり，彼女がどんな数学的思考をしているのか私が理解しやすいように，問題を解く過程の書き方を変えたり，ノートを取るくらいの簡単な作業は宿題にしてみたりなどです。でも，今回はそのアイディアをほかならぬ自分のアイディアだとしたことで，成功につながったのだと思います。彼女はこの3週間で，前の2カ月よりさらに多くの学習を成し遂げました。いまだに，18歳になれば最低限だけこなす計画に移るだろうと言っていますが，ガーザでできるだけのことを学習しようという気持ちは十分にあり，週に1回，放課後に残って私から指導を受けています」

生徒のゴールに焦点を合わせる

　「12月から，ある二人の生徒の，定期的な課題提出の状況を注視

し続けています。具体的にいうと，これは解決志向プロセスでいう
"ゴール設定"に着目することになります。もともとは，この二人
の生徒が，平均的な進み具合からは程遠いスピードで進んでいるこ
とにイライラしていました。生徒 A はいつも自分のノートパソコ
ンを使っていて，授業の課題をほとんどしていませんでした。生徒
B は日々作業をしているように見せかけて，実際には何も終わらせ
ていませんでした。うまくいっているのは，だいたいは次のような
点です。まず生徒が次の課題を自分で選び，それに必要な作業を確
認します。そして，締め切りはいつにしようかと私が尋ねます。お
互い同意した期限に間に合わないと，0 点または部分点をもらって
次に進みます。もし望めば再提出は認められ，低い成績を良くする
ために，宿題にすることもできます。そうすると，二人とも多少と
も進展具合が早くなったことに驚きました。お互いのやりとりも前
向きになりました。私からも受動攻撃性が減りました。つまり，個
人的なわだかまりを持たずに，お互いに"約束"を守ると決めたの
です。生徒 B は締め切りをしっかりと守るようになりました。話
し合って以来，ひとつも遅れていないと思います。生徒 A はさら
に不足している一部課題の提出が求められることもありましたが，
成績の上ではまだ全体的には良好です。努力が実を結んでいるとい
えます。二人とも進み具合は12月から少なくとも 4 倍に増えました」

スケーリングクエスチョン

「解決志向の手法を用いて生徒と話すときには，特に慎重になりま
す。スケーリングクエスチョンを用いることは，私自身の個人的な
ゴールでした。生徒が成功行動を示したときに，何がその違いを生
んだのかを聞くことは前からできていましたが，スケーリングクエ
スチョンを用いたことはなかったのです。この質問は，なぜか私の
性に合うものではありませんでした。解決志向の会話に特化した研
修日の後，ある生徒に関して解決を見つける際に，スケーリング
クエスチョンを使うようにしました。それ以来，何度か会話の中で使っ

ています。最近ではキャサリンとの会話で使いました。キャサリン
は，成績はいいけれども，代数ⅡBの進み具合がとても遅い生徒で
す。そこで，代数Ⅱの課題を終わらせるスピードを1から10の間
で評価してもらいました。彼女の答えは5でした。さらに，どのス
ピードを望むか聞くと，10だと答えました。その後，10にするた
めには何をすればいいか色々と可能な限りの方法を考えました。こ
の会話はとても生産的な会話となり，それ以降，キャサリンの代数
Ⅱの進み具合は良くなりました。

　私にとってのアハ！体験は，スケーリングクエスチョンが自分の
性に合ってないと気づいたときに起こりました。そこで何度も繰り
返して考え，生徒と話す前に準備することが必要だとわかったので
す。重要なことは書き起こし，質問自体を書き留めると，生徒と話
しているときに"会話に詰まる"ことがありません。まだまだ練習
が必要ですが，他の解決志向の技術とあわせて使えるよう努力して
いきたいと思います」

能力を育てる

　美術の教師が具体的な体験談を寄せてくれました。仕事でSFBTを
用いた様子を説明し，生徒の評価，および生徒の能力を育てるために
どのようにSFBTを活用しているのか，例を交えて紹介してくれまし
た。

　「ガーザの解決志向のアプローチは，各ファシリテーター（教師）に，
どの生徒がすでに能力を発揮できているのかを発見する手立てを提
供します。その手立ては，まだ経験したことのない決意につながる
可能性のあるものです。例えば，私が新入生と最初に面談するとき
には，次のような解決志向の質問を行う機会が得られます。以下は，
卒業するのに選択科目の単位があとひとつ足りない生徒と出会った
ときの会話です。

生徒：　　「美術の課程を修了するにはどのくらい時間がかかります
　　　　　か。前の先生は私の作品が嫌いで，自分のやりたいことに
　　　　　集中させてくれませんでした」

私（教師）：「では教えてください。描画，絵画，彫刻，陶芸など，美
　　　　　術の主な手法の中でうまくなりたいのはどれですか」

生徒：　　「絵を描くのがうまくなりたいです。絵がすごく下手なん
　　　　　です。円と直線で描かれた棒人間にしか見えなくて」

私（教師）：「大丈夫ですよ。僕は棒人間が得意ですから！」

　　解決志向アプローチは，もし問題が解決されたら，その後の生活
はどんなふうだろうかということについてたくさん質問します。こ
ういった質問に対する答えが徐々に明らかになってくると，教師と
生徒は向かうべき方向の像が見え始めてきます。それが明らかにな
ればなるほど，真の芸術的表現の可能性が広がります。

私（教師）：「では，あなたがすでに知っていることに焦点をあてましょ
　　　　　う。自分ではどんなものを描いていますか。課題のためで
　　　　　はなくて，好きで描いているものです」

生徒：　　「よく顔を描きます。さっきも言ったけど，うまくはない
　　　　　ですよ」

私（教師）：「見せられるものはありますか」
　　　（生徒は Bic 製のボールペンで数学のノートの端にいたずら書きし
　　　た様々な表情の顔の絵を見せてくれました）

私（教師）：「ちょっと，僕がこれまでに描いた棒人間よりもかなり素
　　　　　敵に見えますよ。素描木炭を使ってみたことはありますか。
　　　　　基礎はできているので，素描木炭をちょっと使えば顔にボ
　　　　　リュームと深みが出ますよ」

生徒：　　「前の先生は生徒に使わせてくれませんでした。まだ早い
　　　　　からって」

私（教師）：「前の先生を悪く言いたくないけど，謹んで反対させても

らいます。白い紙と素描木炭があったらやってみたいと思いますか」

生徒：　「はい。でも，汚しませんか」

私（教師）：「汚すかもしれないけど，あなた次第ですよ。やってみたらわかりますよ」

　その後，様々なブレンドツールを使って，素描木炭で階調を表現したりして，絵を豊かにする方法を手短に説明しました。10分後，先ほどノートに描いた表情よりも，ずっとボリュームと深みが増した表情を描いてくれました。

私（教師）：「すごい！　どうやってやったのですか。そして見てください。汚してもいませんね！　もう少し練習すればすぐに人間の顔をとても豊かに表現できるようになりますね！今やった方法についてどう思いましたか」

生徒：　「楽しかったです。前の学校ではあまり描きませんでした。前の先生はアクセサリーが好きだったので，それを作っていました」

私（教師）：「アクセサリー作りはどうでしたか」

生徒：　「他の人がやっているのはかっこよかったけど，私がやってみてもなんだか違いました。出席もあまりしていなかったので指示を聞きそびれていたんです。課題を終わらせたことはなかったし，先生はよく私や友だちに大声で怒っていました」

私（教師）：「大変でしたね。では，今回は絵を描くことに集中してみますか」

生徒：　「まぁ，はい。でも友だちみたいにうまく描けません。彼の絵はすごいんです！」

私（教師）：「あなたの絵もいいですよ。お友だちとあなたは別の人間だから違うのは当たり前です。描画とは単にものの表面に

点や線を付けただけで，その線が何かの形，姿，またはアイディアを表すのです」

生徒： 「たったそれだけのこと？　で，成績はどうなりますか」

私（教師）：「じゃあ，教えてください。あなたのプロジェクトを自分で決めるとしたら，どんなものになりそうですか」

―――（長い沈黙）―――

生徒： 「素描木炭を使ってみて楽しかったです。素描木炭を使ってもっと人をうまく描けるようになりたいです」

私（教師）：「わかりました。図形を描くことはガーザでの描画カリキュラムでも重要な部分だと知っていましたか。しかも，顔の特徴を描いていくことから始めるんですよ」

生徒： 「本当に？　じゃあ私はもう始めてるということ？」

私（教師）：「そのとおりです。では，もう一度，どのように美術の成績を付けるのか聞いてみてください」

生徒： 「アンドリュース先生，美術の成績はどのように付けますか」

私（教師）：「もし各プロジェクトの成績を自分で付けるとしたら，何か違いが出てきそうですか」

生徒： 「じゃあ，自分に100点をあげてもいいのですか」

私（教師）：「はい。でも，その作品は100点をもらえるほどのものでないといけません。今描いた絵には何点を付けますか」

生徒： 「わからないけど，78点くらいかな？」

私（教師）：「本当に？　そんなに低いですか。では，よく使われるルーブリック評価方法[5]について学んでみましょう」

　　数分後，一緒にそのプロジェクトの評価を93点に修正し，その評価点を強化するためにいくつかの内省的な質問にも答えました。

---

[5] 訳注：テストによらず，「何を評価するか」の指標を，縦軸に評価項目，横軸に尺度を用いた表で評価するもの。

私（教師）：「では，いくつかゴールを設定してみましょう。まずは顔
　　　　　を描き，いずれはもっと複雑な形を描いていくことについ
　　　　　て話し合いましょう。どうですか」
生徒：　　「いいですね！」

　このような解決構築の会話によって，徐々に生徒の作品をよりよ
く評価できるようになりました。その評価方法はAPカレッジボー
ド[6]によって活用されている様式にヒントを得ており，最低評価の
1から最高評価の6までの評点を付けるルーブリックを用います。
この方法はAPリーダーと呼ばれるAP試験専門評定者が美術作品
を評価するときに使われる方法と似ています。各ルーブリックには，
「このプロジェクトをもっと良くできる力があるとしたら，何を変
えますか。それはなぜですか」といった，裏付けを取るための解決
志向の質問が含まれています。このような質問によって，1から6
までの評価から得られた計測可能な数値や成績がより確固たるもの
になります。出された課題ごとに生徒はルーブリックを完成させ，
教師が査定し，同意すればそのまま成績として記録します。この方
法を使用して以来，生徒からは驚くほど率直なフィードバックが得
られるようになりました」

カリキュラム作成と指導の例

　キイラは成績が悪く，出席率が低く，さらにはひどいいじめが原因
で，前の学校を退学しました。キイラは学習障害を抱えていたため，
大人数制の授業では支援が及ばず，ついていくのが難しかったのです。
キイラは学校の課題をこなし，卒業できる能力を持っていましたが，
学習における障害を乗り越えるために必要な特別支援が得られていま

---

[6]　訳注：AP（アドバンスト・プレイスメント）と呼ばれる高校生に大学の初級レベルの
カリキュラムと試験を提供する団体。

せんでした。さらに，キイラはトランスジェンダーの女性でした。前の学校に在籍中，移行が始まり，女性らしい服装をしたり，化粧をしたりするようになっていました。新しい名前で呼ばれたいと主張すると，多くの先生や同級生は困惑し，トランスジェンダーに対して嫌悪を示したそうです。その結果として，キイラはいじめを頻繁に受けるようになり，学習したりよい成績を収めたりすることが難しくなっていきました。

　そんなキイラが解決志向の高校に転入したのは15歳のときで，9年生として入学しました。前の学校から引き継いだ学習ポートフォリオには，出席日数が足らず，成績が思わしくないことから，9年次を修了していないと記されていました。校長先生との入学面接時に見たガーザの書類には，キイラが葬り去った名前ではなく，女性としての新しい名前が記されていたことが，とても嬉しかったそうです。校長先生はキイラが楽に話せるように配慮し，本校での心配事は何か尋ねました。キイラは，いじめを受けないかということと，学業についていくことが心配だと答えました。

　校長であるウェッブ先生は「そう感じているのですね」と言って話し始めました。「それはもっともな心配です。でも，ガーザではあなただけがセクシャルマイノリティではないでしょうし，トランスジェンダーの生徒は他にもいるでしょう。この学校はずっと前から，いじめを受けた経験のある同性愛者の生徒を受け入れてきましたし，その問題はもう心配しなくていいと私が保証します。職員も生徒も，あなたがあなたらしくいることに何か言う人はいないでしょう。学業に関しては，まず評価テストを受けてもらい，学力を測りましょう。ガーザではあなたが必要な支援を得られるように，授業はあなたのペースで進みます」。

　校長先生のこの返答により，キイラは認めてもらったと感じ，その日の午後に評価テストを受けました。テスト受験後，教師陣はキイラに根本的な知識が抜け落ちているところがあり，それが数学や理科などの教科でつまずいてしまう理由だったようだと伝えました。その次

の週，キイラは授業を受け始めました。入学した6月下旬は生徒が少なく，ガーザのキャンパス内は静かで平和で，間もなくキイラは自信を持つようになりました。今までおろそかにされていた根本的な知識の理解に取り組み，教師陣とも1対1で支援が受けられるようになっていました。キイラはゴールを達成し，教師や職員からコンプリメントを受けました。ガーザではトランスジェンダーの女性であるというアイデンティティが認められるので，キイラは課題に集中できるのです。

　現在，キイラは11年生で卒業に向けてがんばっています。校長先生との入学面接にやってきた生徒と会ったり，卒業時のスターウォークでは一緒にお祝いしています。キイラはスターウォークを見るとお腹がキュッとなります。彼女がガーザの廊下を歩く番は，もうすぐでしょう。

覚えておくべきキーポイント

■　解決志向のオルタナティブ高校におけるカリキュラム作成と指導はパーソン・センタード（人間中心的）で，生徒の学業上のゴールに焦点が当てられます。

■　教師陣は有能で，それぞれのカリキュラムもSFBTも心得ています。

■　教師は少人数制の教室で指導し，それぞれの生徒に合わせてカリキュラムを個別化しています。

■　カリキュラム自体は生徒に合わせたペースで進められ，州の基準と同等もしくはそれを超えています。

■　生徒に良い成績を取らせるための指導ではなく，学習対象の習得を確実にするための指導です。教師は生徒がすでに持っている学習スキルに気づかせ，それを強化して，どんなカリキュラムでも習得できるようにサポートします。

■　カウンセラーやソーシャルワーカーも指導チームの必須要員で

す。

■ 解決志向の取り組みには，教師が人間関係により多くの力を注ぐことと，カウンセリングや支援サービスを活用することが必要となります。

■ 学校の年間スケジュールは通年授業で，生徒は教科学習に専念することができます。

■ 入学と卒業は年間を通して可能であり，隔週でオリエンテーションが行われています。

■ 卒業の必須単位を取得すると，「スターウォーク」と呼ばれる感動的な個人別卒業式が行われます。この卒業式は生徒の学業達成を祝い，卒業後のゴールの発表を称えるものです。

■ 教師は教室内で解決志向の技術を用いて生徒の学力向上を支援することができます。

まとめ

　本章では，解決志向のオルタナティブ高校におけるカリキュラム作成と指導について，いくつか例を紹介しました。SFBTの原則に従い，ゴールに焦点を合わせ，個別化され，セルフペースで作成されたカリキュラムについて述べています。さらに，ガーザでのスケジュールや，複数単位取得が可能な混合授業などを含めた日常的な学校運営の仕方，そして生徒の目標の達成に必要な特別支援教育担当者などについても説明しています。他にも，卒業年次のeポートフォリオがどのように各生徒の強さや成功を称賛する個別化されたアプローチとなるかを強調し，さらに「スターウォーク」と呼ばれる個人別卒業式に，SFBTが変化を起こす原則がどのように組み込まれているかについても焦点をあてました。最後に，教師陣が様々なSFBTの技術を指導に用い，過去の成功や例外，ミラクルクエスチョン，スケーリングクエスチョンを利用し，生徒の能力を高めていく様子を紹介しています。

参考文献

Alfasi, M. (2004). Effects of learner-centered environment on academic competence and motivation of at-risk students. *Learning Environments Research*, 7(1), 1–22. doi:1023/B:LERI.0000022281.4968.4e

Aron, Y. (2010). *An overview of alternative education programs: A compilation of elements from the literature*. Washington, DC: Urban Institute.

Bathgate, K., & Silva, E. (2010). Joining forces: The benefits of integrating schools and community providers. *New Directions for Youth Development*, 63–73. doi:10.1002/yd.363

Caroleo, M. (2014). An examination of the risks and benefits of alternative education. *Relational Child & Youth Care Practice*, 27(1), 35–46. doi:9542835

Franklin, C., & Streeter, C. L. (2003). *Creating solution-focused accountability schools for the 21st century: A training manual for Garza high school*. Austin: The University of Texas at Austin, Hogg Foundation for Mental Health.

Hahn, R. A., Knopf, J. A., Wilson, S. J., Truman, B. I., Milstein, B., Johnson, R. L. …, Moss, R. D. (2015). Programs to increase high school completion: A community guide systematic health equity review. *American Journal of Preventive Medicine*, 48(5), 599–608. doi:10.1016/j.amepre.2014.12.005

Institute of Education Sciences. (2010). *Alternative schools and programs for public school students at risk of educational failure: 2007–08*. National Center for Education Statistics. Retrieved from: http://nces.ed.gov/pubs2010/2010026.pdf

Kim, J. S., Kelly, M., & Franklin, C. (2017). *Solution-focused brief therapy in schools: The 360-degree view of practice and research* (2nd ed.). New York, NY: Oxford University Press.

Metcalf, L. (2003). *Teaching toward solutions*. Williston, VT: Crown House Publishing.

Watson, S. (2011). Somebody's gotta fight for them: A disadvantaged and marginalized alternative school's learner-centered culture of learning. *Urban Education*, 46, 1496–1525. doi:10.1177/0042085911413148

7章

長期的な持続可能性と成功

まずはこの話から

　解決志向のゴンザーロ・ガーザ独立高校（以下，ガーザ）でカウンセラーとして勤務するアバディ先生[1]は緊張していました。施設での入院治療のために学校をしばらく休学していた生徒が復学することになったからです。トロイというその生徒は，薬物使用障害と命に関わることもある深刻な摂食障害である拒食症に苦しんでいました。その症状と致死率が心配され，入院に至ったのです。トロイは学校を休んで2カ月間の入院生活を送った結果，薬を断ち体重も増え，摂食障害も落ち着いてきたようでした。

　アバディ先生はトロイの症状改善を喜び，ガーザに復学した際には前向きな変化を支援したいと思っていました。そして再発を防ぎ，卒業に向けての手助けをしたいと思い，まずトロイの両親に連絡を取り，トロイが授業を開始する前に両親とトロイと会って話をする予定を立てました。彼を支援する最良のプランを立てるためには，治療中に彼がどのような経過をたどり，薬を絶った状態を保つために何が有効な

---

[1]　本章で提示された事例は，オルタナティブ高校に通う生徒への研究目的の面接や，これらの生徒と取り組んだ職員の経験から採られています。当該の生徒に対する守秘義務のために，氏名や一部の情報は変更されています。これらの面接の一部は，テキサス大学オースティン校メンタルヘルスのためのホッグ財団（Hogg Foundation for Mental Health）の手厚い支援により可能となりました。

のかを知ることが大事でした。

　アバディ先生は，ガーザで 5 年間カウンセラーとして勤務していたので，生徒や家族と関係を築くことに長けていました。ユーモアがあり，親しみやすく，その思いやりのある態度によって，生徒は大事にされていると感じるのです。生徒と良好な関係を維持することがアバディ先生にとって第一優先事項でした。時間をかけて生徒の成功を確かなものにするためには，すでにある強さや未来の行動に寄り添って，強いラポールを形成することが不可欠です。過去は過去として，できるだけ未来に目を向けることが重要だと彼女はわかっていました。

　アバディ先生はトロイとは特に思いやりのある強い関係を築いていたため，トロイが休学することは彼女にはとても苦しいことで，入院が必要な状態に陥るほどの困難な状況を見守るのはつらいことでした。退院はしたものの，トロイは通院を続けなければならず，午前中は治療に専念するので午後だけ学校に通えるということがトロイと両親との面談中に伝えられました。さらに，トロイと両親は，教職員に，トロイの出席状況と行動に注意を払っていてほしいと頼みました。入院するまでは，それが薬物使用量の増加を示す兆候だったからです。トロイが危機的状態にある生徒であることは依然として変わらないでしょうし，アバディ先生は彼の両親がとても心配している様子なのがわかりました。面談終了後，アバディ先生は，トロイが引き続き困難を抱えていることに困惑し，悲しさにいてもたってもいられず校長室を尋ねました。「今，少しよろしいでしょうか」と断り，次のように言いました。

　「トロイのご両親と話してきました。これからは学校と病院で半日ずつ過ごすことになります。トロイはまだ回復中で，その道のりを歩き始めたばかりです。それは，彼にとってもご両親にとってもつらいことだと理解できます」

　生徒の状況を伝える間，アバディ先生はまったく元気がありません

でした。普段は明るく，エネルギーにあふれ，成功への前向きな期待を持ち続けることがどれだけ大事か知っている先生にしては珍しいことでした。

校長先生はすぐこの異変に気づきました。

「わかりました。伝えてくれて，ありがとうございます。生徒の様子をつねによく把握されていて素晴らしいと思います。確かに，トロイには多くの支援が必要ですね。生徒支援サービスとコミュニティ・イン・スクールズのソーシャルワーカーにもすぐに依頼する必要があるでしょう。あと，教科担任の先生方とも会って話し合わないといけないですね。アバディ先生には依頼状を書いてもらい，担当の先生方にメールをしてはどうでしょうか。CC してもらえれば，私もその話し合いに参加できます。さっそく，計画を始めましょう。私はアバディ先生の努力をサポートしますよ。何かアイディアや，特に気になることがあればおっしゃってください。アバディ先生は，この家族と長い間関わっているし，このケースに関する専門家だと思うからです」

これを聞き，アバディ先生はほっとしました。彼女はその瞬間，支援と承認を求めていたのでした。そして，自分がこの生徒を支援し続けることができる，有能で思いやりのあるカウンセラーであるとの自信を持ちたかったのでした。ありがたいことに，校長室はいつでも訪問可能であり，校長先生は教職員と良好な関係を築いていたので，彼女が支援を必要としているときに気づくことができたのでした。

はじめに

オルタナティブ高校で，危機にある生徒に解決志向を実践し続けることは，教職員が危機的状況やストレスと向き合い，生徒の成功を助けるためには挫折に耐えなくてはならない場合も多いことを意味しま

す。教職員が落胆したり，自分の支援能力に自信が持てなかったり，イライラすることはよくあります。ストレスがかかり，疲労が溜まり，燃え尽きてしまうほどの状況において，強さに基づいたアプローチを続けることは困難です。ですから，オルタナティブ高校で成果を継続的に積み上げていくには，アバディ先生が校長先生から得たような精神的サポートやチームワークが非常に重要な要素となります。1章で述べたとおり，解決志向ブリーフセラピー（SFBT）は，家族療法家チームによる協働的な取り組みから生まれました。それは，逆境や様々な問題を経験した子ども，青年，家族を短い期間で効果的に支援する取り組みでした。この協働とチームワークの大切さが本書を通して書かれています。5章では，危機にある生徒の中退を防止し，成長を確かなものにするために重要となる多分野にわたるチームの作り方が述べられています。専門家が連携する多分野にわたるチームは，知識とスキルをオープンに教え合い，生徒と解決を構築するという同じゴールに向かって努力します。校長とリーダー職のチームは，そのチームワークと解決志向の実践を持続できる学校組織を作る責務があり，オルタナティブ高校に関わるすべての人が，成功を確かなものにするための団結した未来像や価値観の共有に向けて協力することを支援します。

　本章では，解決志向オルタナティブ高校を長期的に持続していく方法を紹介します。SFBT のようなエビデンスベースの介入が活用・持続されるかどうかは，介入対象の組織文化が決め手となると報告した研究があります（Glisson & James, 2002; Jaskyte & Dressler, 2005）。本章では，持続可能な学校組織の重要な特色を説明しています。そして，そのコミュニティに関わるすべての人が，公式な使命，価値観，学校関係者としての当事者意識を抱き，専門的能力開発に責任を持って関与することを受け入れる必要があることを説明しています。さらに本章では，リーダー職が代わる際の先導の仕方もまとめています。リーダー職交代時に適切な移行が成されないと，学校での解決志向の実践が崩れたりなくなってしまったりすることさえあります。最後に，内省し成功し続けるため，評価とデータ収集を続けていくことの重要性

について述べています。

長期的に成功を持続させる組織文化

　危機にある生徒と直接関わる教職員は，より大きな学校文化にサポートされることが大事です。生徒と直接関わる教職員にとって，学校の風土や組織文化は一見関係のないことのように思われますが，職場環境が前向きに機能しているからこそ，教職員は生徒とうまく関われるのです。学校の組織文化は，生徒の学力と感情面の結果に直接影響します。

　例えば，学校の管理者には，専門的能力開発研修等，学校や教職員のニーズを主張することなど，様々な役割があります。フランクリン（Cynthia Franklin），モンゴメリー（Katherine Montgomery），ボールドウィン（Victoria Baldwin）とウェッブ（Linda Webb）（2012）は文献レビューを行い，エビデンスベースの実践のために教職員を研修する際に有益な組織の特徴をいくつか発見しました。オルタナティブ高校で，解決志向の実践を持続する組織文化を作るために重要であると思われる特徴は，次のようにまとめられます。

　教職員同士や生徒との前向きなやりとりを後押しする，教職員の自由裁量権と積極性を育む組織文化の存在。このような組織文化は，自己実現を促進することで個人の可能性を最大限に引き出し，ヒューマニズムの規範を活用してお互いを支え合うことにつながります。その特徴は解決志向の思考様式の一部分でもあると，2章でも述べられています。解決志向の思考様式は，危機にある生徒が深刻な状況に陥ったときに，教職員がまっ先に対応できるキャンパスの環境を育みます。そういった文化は，解決志向オルタナティブスクールであるガーザで例証されています。ガーザは，学区内で最も危機にある生徒を教育するという困難な使命に取り組んでいました。学校の教職員は相当量の自由裁量権が与えられ，新しく革新的な介入を生み出せるように支援を受けていました。実際のところ，学校のリーダー職は，解決志向の

コンサルタントやトレーナーがガーザと関わる前から解決志向の技術を検討していたのでした（Kelly, Kim, & Franklin, 2008）。

日々の実践において意思決定を共有し，革新的なアイディアにオープンであることを推進する，分権化され，協働的な管理体制。SFBTは協働的でエンパワーメントする関係性を大事にします。危機にある生徒の成長を確かなものにするためにどれほど人間関係が重要であるかは，3章に述べられています。中央集権化された管理体制では，明確な指揮系統や権限系統があり，決定は管理者によって下され，第一線の教職員に下達されるのとは違い，解決志向の高校では危機にある生徒が卒業と今後の人生に備えることを目標に解決を構築することに焦点を合わせる，協働的な意思決定のプロセスを維持することが必須です。ガーザの創設時には，校長は学校の成長と改善のためにあらゆる人々を引き入れ，関与させました。教員，生徒，親，地域の人々，研究者，そして学校のデータ管理者までもが参加型アプローチを取って，学校ガバナンスに積極的に関わりました。そうして学校が進化して，前向きなピア文化が育つにつれて，生徒自身がさらに学校ガバナンスに関わるようになっていきました。

ガーザの現校長は，教職員を生徒に関する専門家と見ています。自分の雇った教師は，ガーザ高校の解決志向モデルに沿った有能な専門家であると認め，信頼しています。ですから，教職員が提案や相談事をもって校長のところにくると，そのフィードバックに真剣に耳を傾けます。管理者が職員のニーズや意見をないがしろにするような組織は，大きな組織的な欠陥を抱えます。直接生徒を支援する教職員は，何がうまくいっていて何がうまくいっていないのかを知っています。加えて，管理者によって教職員のニーズが満たされていないと，その教職員が生徒と接する際に影響します。このような理解は，SFBTの起源を導くことにもなった，システムについての考え方の本質的な部分です。

柔軟性，そしてリスクを負う際の支援。危機的状況にある生徒やトロイの例で紹介したような危機にある生徒のケースおいて，解決志向

のオルタナティブ高校には，時間割に融通が利き，学習スタイルの選択肢が多くあり，個々の生徒のニーズに合わせて自分のペースで進められる，厳密に設定されながらも革新的なカリキュラムなど，相当な柔軟性が必要となります。カリキュラムと指導に対するこのようなアプローチは6章で述べられています。ガーザでは生徒のニーズを満たすために，カリキュラムと指導に関して教職員にどんどん新しいアイディアを試すことが推奨されています。そして，相当なリスクを負う際には支援も受けられます。例えば，複数の診断を受け治療施設にいるような生徒とのやりとりや，生徒の自宅訪問や刑務所訪問，危機にある生徒を支援するためのコミュニティアウトリーチなどが挙げられます。この種の地元地域での活動により教師は生徒の代弁者となり，危機にある生徒にとって有益ではないかもしれない，融通の利かない学区の方針を回避して対応する方法を見つけられることも頻繁にあります。

　気持ちの上からの，そして知的な興味があるからこそ教師は危機的状況にある生徒集団と関わることを選びます。ガーザの管理者はそのことを踏まえ，教師がカリキュラムや授業でのツール活用に関して創意工夫することに理解を示します。教師は全員 SFBT のツールを持っていますが，そのツールの活用方法にはそれぞれ違ったスタイルがあることを管理者は知っています。ガーザで生徒を教える際や精神的ケアをする際に画一的なアプローチはありません。そのようなアプローチでは教職員それぞれの強さが発揮されないでしょう。ですからガーザでは，教職員にリスクを取ったり柔軟に対応したりする余地が与えられ，その結果，教職員と生徒がともに成長することができるのです。

　新しく革新的な手法を実行するための十分な資金。お金があればすべての問題が解決するわけではありませんが，組織として使命を果たすためには十分な資金が必要です。解決志向の高校の運営は，財源が小さくては実現できません。そして，危機にある生徒のニーズに応えて必要な付加的サービスを提供するには，間違いなく十分な資金が必要であり，さもなければ学校はうまくいきません。ガーザ創立時の校

長は，一流で革新的な学校を創るために必要な資金が教育委員会から得られないのであれば，ガーザ創立という難しい課題に取り組むことはできないだろうと，教育委員会に明言していました。平等な教育を確実に受けさせる資金がないことによって，他の高校がその生徒に与えられる以下のものしか与えられないとしたら，学力格差はいつまでもなくなりません。ガーザの場合，教育現場で最高のエビデンスベース手法に基づいた，一流の高校の創立のために必要な資金を提供することを教育委員会が了承してくれました。さらに，テキサス大学の研究者もメンタルヘルスのためのホッグ財団から研修・研究助成金を獲得し，解決志向の実践の発展に寄与しました。

新しい実践を学ぶことを後押しするスーパービジョン，コンサルテーション，継続した技術的支援の存在。 組織は学習環境として捉えることができます。組織の使命を追求していくなかで，職員に必要なスキルや知識は時間とともに進化し，変化します。一般的に，職員に質の高いスーパービジョンと技術支援をする組織ほど，職員は組織の使命に責任をもって取り組み，満足度が高くなります。SFBT のような新しい実践を学び，そのスキルを研ぎ澄ませていくためには，生涯にわたって学習を続けることが必要です。教師，カウンセラー，ソーシャルワーカーによって活用されるあらゆるスキル同様，SFBT のスキルは継続して磨き，完成されたものにしていかなければなりません。オルタナティブ高校で解決志向アプローチを維持していくためには，訓練し努力し続けることが必要です。ですから，教職員が良質なスーパービジョンを受けたり，必要に応じて個人的にコンサルテーションを受けたり，解決志向の実践に焦点化された技術的支援を受けることが極めて大事になります。

創立当初，ガーザには常勤の解決志向のコーチがおり，解決志向の実践の初期研修を行っていました。そして，年月とともに学校が発展していくにつれ，学校独自の解決志向の専門家が育っていきました。熟達した教師は，新任教師が解決志向の実践を通して自身で理解を深め，習熟度を高められるよう，研修と支援に力を貸しました。これに

より支援の輪ができ上がり，学校のあらゆる面で解決志向の実践が確実に行われるようなりました。

使命と価値観

　危機にある生徒を教育し，SFBT の学習と実践を続けていくには，組織が責任をもって取り組み続けることが必要です。取り組みを続けるために，オルタナティブ高校は一連の価値観によって導かれ持続する使命主導型の組織とならなければなりません。ソーシャルサービス機関と同様，使命を重視するオルタナティブスクールは，その使命のレンズを通して，日常的な実践を評価します。そして，学校が進むべき方向に進み続ける動力となっている価値観を学校関係者全員が受け入れます。ガーザ高校のミッション・ステートメント（校是）は，このようなコミットメント（責任ある関与）と焦点を反映しています。

　　「ゴンザーロ・ガーザ独立高校は，互いに尊重し信頼し合う雰囲気の中で，一人ひとりが学び，成長し，現在および将来のゴール達成を要求されるような，エンパワーされた学習者のコミュニティを育む」

　ミッション・ステートメントを順守すると同時に，2 章で述べられているように，管理者，教師，職員，生徒の全員がガーザ行動規範に記された中核的な価値観を実践し，手本にすることが求められます。

- ■　つねに個人の名誉と高潔を示し，
- ■　争いよりも平和を選び，そして
- ■　自分自身と他者に対する敬意を［示す］。

　本書では，生徒との関わりにおいて，強さに基づくこととゴールに焦点を合わせることについて述べていますが，管理者が教職員に関わる際にも，強さに基づくこととゴールに焦点を合わせることを求めて

います。4章では，特に成功に関するゴール，希望，前向きな期待を中核としたチームワークがどのように前向きな変化を促し，すべての人のためになる環境を形成する組織文化を作ることができるのかの例を示しています。そして，ガーザの現校長は教職員と生徒両者のために，安定性と予測性のある前向きな組織を構築することを目指しています。

エンパワーされた学習者のコミュニティを形成する

　本書を通して一貫して述べているように，解決志向の高校は人間関係とコミュニティを基盤として作られており，学校のアイデンティと成長を約束するためには継続した学習サポートが必須です。生徒は成長と発達の旅の途中にあり，教職員もその旅の途中にあるのです。学校が機能的で成長するコミュニティであるためには，全員が成長して進化していると感じられなければならず，当事者意識を持ち，学校と学校の解決志向の実践に対して責任をもって取り組むことが必要です。ガーザのカウンセラーは次のように説明しました。

　「まず，コミットメント（責任ある関与），すなわち学校へのコミットメントが求められます。この学校は，生徒を短期間送りこんで自分に合わなかったシステムに送り返すための学校ではありません。自分の学校のための学校なのです。マグネットスクール[2]やそういった類の学校とは異なり，他の学校の校舎内に設置されるべきではありません。このキャンパスにいるすべての生徒は大事にされるべきで，それはこの学校のシステムの一部です。それが第一です。学校として独自の郵便箱を持つために戦わないのなら，独自の建物を持つために戦わないのなら，独自のシステムを持つために戦わないのなら，解決志向の学校を始めるべきではありません」

---

[2]　訳注：アメリカの公立学校の一種で児童・生徒の人種均等化のための国家および州補助の特別校。

専門的能力開発を決定する方法

　2章では，継続した専門的能力開発とSFBTを実践する機会の重要性が述べられています。しかし，教職員は解決志向の思考様式や危機にある生徒への効果を高めるような，その他のメンタルヘルスの研修からも恩恵を受けています。ガーザのような解決志向オルタナティブ高校では，人口統計学的データ，卒業率，成績平均点，出席数，大学進学率，そして生徒・教職員・親の語る内容（ナラティブ）によって，提供される専門的能力開発の種類が方向づけられます。その学習機関のコンセプトと専門的能力開発のコンセプトは，どの学校にも適用できるでしょう。例えば，もし学校の教職員の大半が白人である学校に白人ではない生徒が通っているとすると，多文化的実践に配慮した専門的能力開発が必要になるでしょう。ある白人女性教師は次のように語りました。

　「黒人の男子生徒が，私から何かを必要としていることはわかるのですが，それをどう私が提供できるのかわからないのです。私は白人の女性なので，もともと持っている考え方が違うからです。私がすべきことをどう実行すればよいのかわかりませんし，彼らに対してベストを尽くせていないことはわかっています。教育システム内での広く人種に関連する課題と，なぜ多くの黒人生徒が見過ごされるのかについて，もっと学びたいです。管理者がこのテーマで企画してくれる専門的能力開発研修を，とても楽しみにしています」

　多文化的実践のようなものは，どの教職員でも作り上げ，改善していくことができるスキルです。3章では，関係構築の重要性と，関係構築は教職員が習得できるスキルであることが述べられています。教師が教室内での自分の働きに満足していないのなら，そのときこそ管理者が強さに基づいた支援的で専門的な能力的開発研修に踏み込むとよいでしょう。解決志向の高校の教師は不安になったり自分自身に失

望したりするのではなく，ワクワクしながらいきいきと仕事に邁進していくべきです。加えて，専門的能力開発は成長と創意工夫の機会であるべきで，非難されたり強制されたりする場であってはなりません。

　ガーザのリーダー職のチームは，能力開発と学校の成長の道しるべとして，様々な情報源から集めた情報を活用します。もし，教師，カウンセラー，そして地域コミュニティ機関が，ある特定の群の生徒の卒業が危ぶまれると指摘した場合，ガーザのリーダー職は卒業を支援するための専門的能力開発研修を模索します。例えば，ガーザには常時，居住環境が不安定な生徒，ホームレスの生徒が多くいます。ホームレス・路上暮らしの生徒がガーザに依頼されるようになったのを受け，ホームレスの青年についてさらに学ぶために，現校長は青年支援機関や警察と連携しました。このように，地域のニーズに応えることが学習する組織を作ります。また，こういった重点的な取り組みにより，地域内でのパートナーシップが広がり，生徒を支援するリソース（資源）が増えることにつながります。

　教職員は，専門的能力開発研修を通じて次のことを学びました。ホームレスの生徒たちには，ゆっくりとしたペースでカリキュラムを進めること，教師との日々の確認作業を含めた一定の日課，そして今ここでのゴールと期待に焦点を合わせることが有効であるということです。この生徒たちは多くの場合，緊迫した危機を抱えているので，今ここでの進歩と小さく計測可能なゴールに焦点を合わせることが，卒業に向けて進むのに非常に役立ちます。過去や遠い未来に焦点を合わせるのではなく，毎日の進歩を認め，卒業への道のりをもっと細分化し，すぐに手に届くゴールに分割していきます。このように専門的能力開発研修は，教職員全員が同じ考えを持つ助けとなります。その結果，こういった生徒は教職員の生徒に対する接し方に一貫性を感じるようになります。はっきりした良し悪しの線引きやこのような安定感は，学校の外での暮らしが不安定で荒んでいるおそれのある生徒には非常に役に立ちます。このような特定の生徒のニーズに応えるための研修がなければ，学校がコミュニティとして機能し，生徒に尽力し，

学業成就のゴール達成を支援するのは難しくなるでしょう。

　不安定な居住環境で苦労していたガーザのシェリーという生徒は，授業へのアプローチが改善されたことについて述べてくれました。シェリーは言います。

　　「先生方は生徒のことを本当に思っていて，一人の先生に対する生
　　徒の数も，先生との距離を望みどおりに縮める機会を持つのに十分
　　な少なさです。すべては自分次第であり，このシステムが全員に合
　　うわけではありません。自分自身がやる気を出さないといけないの
　　です。例えば，ある先生は私がいろいろうまくいっていないことを
　　知っていたのですが，ある日私が泣きながら登校したとき，――と
　　いうのは家を退去させられて，母と一時収容施設に住み始めたので
　　す――その先生は授業の時間を割いて話を聴いてくれました。そし
　　て，別の先生は，1回授業を受けたことがあるだけだったけれど，
　　私が受けている他のクラスでのことや進捗具合について聴いてくれ
　　ようとしました。私が卒業に向けて前進していることを本当に気に
　　掛けてくれています。ゆっくり取り組んでいますが，前に進んでい
　　ることがわかりますし，毎日，毎週，何かを達成してゴールに近づ
　　いています。前に進んでいるとわかると心が落ち着いて，安全だと
　　感じます」

問題を解決し，時間をかけて成長していく方法

　解決志向の高校を継続して運営していくためには，リーダー職チームと教職員がビジョンを共有し，アイデンティティを確立していくことが必要となります。教職員が教育やカウンセリングによって生徒を直接支援すると同時に，リーダー職チームは学校を持続するために財政的資源を確保し，地域コミュニティでの評判を培うことが仕事です。ガーザの全教職員は，程度の差はあれ SFBT の原則を用いて，生徒の卒業を支援できるようになるというゴールを目指します。それは，学

校のビジョンとアイデンティティを固めるのに役立っています。しかし，新しいプログラムが安定し，コミュニティに認められるには，時間がかかるものです。ガーザはキャンパス内で問題が発生した際にそれを解決する方法について，時間をかけて学んできました。例えば，ガーザは通年開校しており，生徒が柔軟にスケジュールを立てられるようになっているので，教職員が生徒のスケジュールの枠組みを作るのに時間がかかりました。

　解決志向の高校が抱えやすい問題は他にもあります。もし，通常の学校と同じキャンパス内で解決志向の学校が運営されていると，「こっち対あっち」の精神が生まれやすく，すでに卒業を阻むあらゆる問題を抱えている生徒にとっては集中の妨げとなり，感情面にも害が及ぶことがあります。同様に，危機にある生徒を卒業させ，その後の教育機関へと送り込んでいくために，学業面で創意工夫して学習計画を厳密に立てている解決志向の高校は，解決志向アプローチとは対照的な理念を持つ，別のオルタナティブプログラムとは連動して機能することはできません。解決志向の学校がその成功を継続させるためには，そこにいる管理者，教職員，生徒の全員が解決志向の思考様式を教わり学んだ，独自の学校でなくてはなりません。

　ガーザはかつて学区の更生センターと同じ建物内で運営されていた頃に，身を持ってこのことを体験し，迅速な対応を迫られました。ガーザの生徒や職員が，解決志向ではなく懲罰的な教育モデルの人々と同じ場所でランチを食べたり，同じ廊下を歩いたり，さらには同じ職員がどちらの組織にも関わりながら解決志向の考えを保つのは，直感と反することとなりました。それにより，解決志向のプログラムの学校の持続と成長は損なわれました。創立時の校長が高い基準を設け，独立した建物で学校を運営するという当初の条件のために戦ってくれたおかげで，やがてガーザは独自のキャンパスを得ることができ，解決志向に全力を注ぐというゴールにさらに近づくことができました。校長に学校のアイデンティティとリソース（資源）に関する基準を設定する能力があったからこそ，教職員も高い基準を掲げ，ベストを尽く

すことができたのです。

リーダー職交代時の成長と持続

　ひとたびコミュニティにおいて解決志向オルタナティブ高校が確立し，危機にある生徒の教育にも高いレベルで機能するようになると，リーダー職は教職員やリーダー職が交代するときにも，学校を維持していくことの重要性に注意を払い続ける必要があります。学校の使命，価値観，解決志向の実践を持続しつつ，学区の教育委員会のポリシー改正や人事異動の荒波を乗り越えるには，先見の明と計画が求められます。

　中でも，新しい校長に代わることは受け止めるのが最も難しい変化であり，SFBTへのコミットメント（責任ある関与）を維持するための最大の難関になることが考えられます。2008年の春，創立時から10年間校長を務めていたビクトリア・ボールドウィン先生が退職し，リンダ・ウェッブ先生がガーザのリーダー職として着任しました。ボールドウィン先生は，オルタナティブスクールの土台となっている解決志向組織文化を作るために多大な時間と労力を費やし，新校長の募集，採用，研修にも積極的に関わりました。ボールドウィン先生は，オルタナティブ高校において解決志向の文化を維持することを大切にしていたので，新校長には，教職員が解決志向の実践を維持するよう，引き続き彼らを活性化させる学習組織を進んで導くことが求められるであろうと理解していました。このことは，新校長自身がSFBTのスキル習得も含め，継続して学び続けることを進んで受け入れる人である必要があることを意味していました。

　ボールドウィン先生は選考過程について，次のように話しました。

　「ガーザは外から見ると単純に見えますが，実際にはとても複雑です。生徒が組織に合わせないといけない他の多くの学校とは異なり，ガーザはつねに進化し続け，生徒のニーズに合わせてこまやかに調整していく組織です。ガーザの生徒は，標準的な学校システムの構

造の中では成長しなかった生徒です。ですから，ガーザの構造はそれとは異なるものである必要があります。新しい校長先生は，すべての生徒に愛と尊敬を抱いている人でないといけません。カリキュラムにも精通している人であり，また，決断を迫られたら"そんな考えもあるのね"と自らに進んで問いかけられる人である必要があります。どんな決断も，各個人の生徒にとって最適の決断となることを念頭において下されるべきです。そして何より，校長となる人は，人間は誰しも強さがあると信じて疑わず，その強さを特定する助けをすることが学校の役目であると信じている人であることが大事です。私は，ガーザの生徒のことをときに"歩く負傷者"と呼んでいます。ガーザの生徒が，自分自身や自分の決断への敬意を再び取り戻せるように，育まれエンパワーされることが必要です。解決志向モデルは，このようなすべての特質の中核にあります」

(Franklin et al., 2012, p 22)

ボールドウィン先生は，校長の代替わりを経ても，なお解決志向を実践し続けていくためには，新校長が自らもその実践に賛同して取り組む必要があると知っていて，リンダ・ウェッブ先生の採用だけでなくリーダー職の引継ぎにも積極的に関わりました。ボールドウィン先生は退職された後，今日でもウェッブ先生や解決志向のガーザとの関係を継続しています。ボールドウィン先生は創立校長として尊敬され，学校図書室には彼女の名前がつけられ，学校コミュニティ内で今も大切な存在となっています。ウェッブ先生はSFBTの専門家であり，教職員とともにSFBTアプローチの継続的な現職教育の指揮を執り，一方ボールドウィン先生や創立当初からの研究者，トレーナー陣は，コンサルテーションや支援役を担い続けています。しかし，このように持続できたのも，学校文化や解決志向の実践を維持するための適切な計画とリーダー職の交代へのコミットメント（責任ある関与）があったからこそだと思われます。

研究と評価の重要性

　オルタナティブ高校を成功させるには，データに基づき，関係性を重視しなくてはなりません。SAT（大学進学適性試験），成績，出席日数，卒業率といった経験的証拠やデータは，学校組織にとって成長可能な分野を示してくれるため，それらの情報に基づいて考えることは重要です。しかし同時に，生徒を中心に考え，関係を大事にすることも重要です。前の章でも述べられているように，教師やカウンセラーは生徒のニーズについての専門的知識を有しています。GPA（評定平均値）やSATスコアなどのデータだけでは組織で何が起きているのかを表すことはできず，量的データ（成績，出席日数，卒業率）と質的データ（スタッフや生徒のフィードバック）を合わせた情報が，最終的に専門的能力開発の指針となり，組織内変化を導きます。

　経験的データと生徒中心的アプローチの組み合わせが大事だと言える理由は2つあります。①学校の風土と解決志向の実践を内省できるため，②徐々にその実践を改善していくためです。現在までに，解決志向のオルタナティブ高校であるガーザでは，5つの調査が実施されました。オルタナティブ高校が時間をかけてさらに生徒中心的になり，成果を出していく上で，それらの調査がいかに助けとなったかが，研究によって実証されています。以下に，調査の概要を紹介します。そして，学校が成長し続け，肯定的な評判を確立し，解決志向の実践を進化させるのに，これらの調査がどのように役に立ったかについてお伝えします。

　ガーザでのひとつ目の調査では，85名の高校生を対象に学校現場で収集したアウトカムデータを使用しました（Franklin, Streeter, Kim, & Tripodi, 2007）。データは，学校生活と無関係な場所や実験室で得られたものではなく，生徒が授業を受けているキャンパスで集められました。さらに，サンプルはクラスの特性，性別，人種，学年を基に，学区の人口比率を反映したものでした。調査では，取得単位数，出席日数，卒業率といった，プログラムの成功を反映する3つの項目にお

いて，ガーザと従来の学校を比べました。その結果，研究者と教職員は，解決志向の学校がこの3つの指標に与える潜在的な影響についての洞察を得ることができました。ガーザの生徒は，従来の高校の生徒よりも取得単位数が多いことが分析によって示されたのです。この調査結果の意義は2つあります。①解決志向の学校は従来型の学校と同様，もしくはそれ以上に成果を出すことができると示したこと，②特別な支援の必要な生徒集団も従来型の高校の生徒と同様に成果を達成することができることを認めたことです。ガーザに通う危機的状況にある生徒は能力が低いわけでもなければ，成功を得にくいわけでもないのです。

　この調査ではさらに，ガーザと対照群の高校との，生徒の進捗ペースの比較も行いました。その結果，ガーザの生徒は従来型の高校の生徒よりも高校卒業要件を満たすのに多くの時間がかかることが示されました。この結果は，ガーザではフレキシブルな学業スケジュールと個別のペースで進めるカリキュラムが必要なことを裏付けています。ガーザの生徒は従来型の学校の生徒と同等，またはそれ以上の単位数を取得していましたが，ガーザのサンプルとなった生徒は，初めから開始に後れを取っており，より柔軟で個別化された配慮が必要でした。ここで留意すべきことは，ガーザの生徒は一度は従来型の高校に通っていたことがあったものの，薬物使用，メンタルヘルスの問題，妊娠そして／または育児責任などが生じたせいで，その在籍中の高校にはそれ以上通いきれなかったためにガーザに入学したことです。したがって調査結果は，ガーザが従来型のシステムでは目標を達成できなかった，特別な支援の必要な生徒を卒業させることに成功したことを示しています。

　2つめの調査では，教職員と生徒が学校の使命と価値観に関してどう認識しているかを調べました（Streeter, Franklin, Kim, & Tripodi, 2011）。当プロジェクトの目的は，教職員と生徒が学校の使命と価値観をどう認識しているかを検討し，学校が最初に打ち立てた理論と概念と比べることでした。概念地図の作成技法（マッピング）を用い，

生徒 14 人と教職員 37 人がブレインストーミングセッションに 2 回参加し，「生徒の学業上のゴールを支援するオルタナティブスクールの特性を述べてください」というフォーカス・ステートメント[3]に対して，182 件の固有な意見が得られました。生徒と教職員は，その 182 個の固有な意見を基本的概念に分類し，独自性，重要性，そして解決志向モデルの順守の 3 種類の項目において，5 段階評価を行いました。意見の分類と評価によって，オルタナティブスクールに関する生徒と教職員の意見と理解を反映した 15 種類のテーマが浮き上がりました。そのテーマとは，人間関係，職業環境，学校での明白な敬意，強さに基づくこと，コミュニティ意識，生徒同士の交流，エンパワーする文化，最先端技術，組織的基盤，学校の規模と学校での一日のスケジュール，入学と高校生活終了，生徒の成功のためのリソース（資源），社会生活に向けた準備，生徒が成果を出すこと，そして継続的な改善です（Streeter et al., 2011）。当調査の結果によって，ガーザの教職員は，今の実践活動が学校の解決志向アプローチとどれだけうまく合致しているかを評価することができ，管理者は，教職員がプログラムの何を重んじているのかを特定するヒントが得られました。これらの情報は，極端な変化を起こすのではなく，すでにうまくいっていることを増幅させることを目的として，最終的には生徒と教職員がガーザで重んじているものを強化するための学校プログラムの作成に活用されました。

　ガーザの発展につなげるために用いられた 3 つ目の調査は，生徒の語りをもとに行われました（Lagana-Riordan et al., 2011）。自由回答形式の一連の質問で，学校での経験について問い，ガーザの生徒 33 人から語りによる意見が得られました。生徒は主に白人（54.6%）とヒスパニック系（39.9%）からなり，半分以上が女性でした（57.6%）。質問内容は，以前通っていた学校と比べたガーザでの満足度や，家族歴，学校の仲間と家族との関係に焦点を当てました。生徒へのインタ

---

[3]　訳注：誰が，何を，なぜ，など具体的なことに焦点を当てた発言。

ビューから，次の4つの包括的なテーマが明らかとなりました。①成熟度と責任感の改善，②オルタナティブスクールの構造の利点，③社会問題と自分の人生との関わりの理解，④先生との前向きな関係と学校の仲間との前向きな関係。解決志向オルタナティブ高校では，先生や学校の仲間が理解と支援を示してくれて，一人ひとりに対する配慮の度合いが大きい感じがすると，生徒たちは語っています。加えて生徒たちは，ガーザの柔軟性と生徒自身が責任を持つことを学校が後押ししてくれるという期待が自分たちの成功の鍵になると話していました。

　従来型の学校で彼らが直面した問題には，教師との問題，安全性の欠如，過度に厳格な支配，不十分な学校体制，そして学校の仲間との関係での問題などがありました。そして，それに対しての生徒の受け止め方に関するいくつかのテーマが浮かび上がりました。生徒たちは学校の仲間や教師から判断・評価されていると感じると説明し，加えて従来型の学校では効果的な学びを促進するために必要な個別対応と安全性が得られないと感じていました。これらの生徒による語りから，ガーザの管理者と教職員は生徒にとって何が大切なのか，何が学ぶことや学校にいることを楽しくさせるのかについて理解することができました。生徒中心のアプローチを維持するために，ガーザの運営陣は，出席日数や卒業率だけに頼らないようにすることが大事でした。それらの数字からは，生徒が**登校しているか否か**を知ることはできても，**登校しない理由**は見えてこないからです。

　4つめの調査の質問は，「**授業中に，自傷をほのめかす様子が見受けられる危機にある生徒に対し，教師はどのように SFBT を用いて関わっているのか**」を問いました（Szlyk, 2017）。当調査では，個別に10人の教師がインタビューを受け，そのうち4人は生徒のメンタルヘルスと自傷行為を議題としたグループディスカッションに参加しました。この教師たちは，危機にある生徒には不登校，薬物乱用，自殺願望，自傷などがよく見られる問題だと指摘しました。教師は，日常的にこれらの問題に直面していると話しました。しかしまた一方で，

生徒に感情面の懸念や幸せ（well-being）に対する外的な脅威があっても，彼らとの関わりに自信と冷静さを持って対応していると述べていました。さらに，生徒たちと強い関係を築いており，その関係がクラス内で見られる学業面と感情面の両方の懸念に対応するプロセスの土台として役立っていると説明しました。この調査の結果は，教師が生徒の学業面と感情面のニーズにどう焦点を合わせることができているのかを具体的に示しています。当調査は，危機にある生徒にとって教師がどれだけ重要なのか，また，時間をかけてどのように生徒の成長と自立を育んでいるのかを探りました。さらには，どのようなタイプの教師がどのような授業の原理を用いて，危機にある生徒にうまく関わっているのかについても，大きな示唆を与えてくれました。加えて管理者は，職業上の境界線や，教師が生徒と関わる際に使用する解決志向の技術についての情報も得られました。教室内で頻繁にこういった難しい問題を目の当たりにする場合，教師が自分の指導能力や生徒を支援する能力に自信を持っているか，そして／または燃え尽き（バーンアウト）を感じていないかを知ることは，管理者にとって大事なことです。当調査結果は，管理者がどれほど教師に配慮し，教師がどれだけ生徒に配慮しているかの指標となりました。

　ガーザのプログラムを指針となった5つめの調査は，予定期間内の卒業率と大学への進学率を4年にわたって調べることで，ガーザの有効性を評価するものでした（Franklin, Streeter, Belcuig, Webb, & Szlyk, 2017）。当調査では1,398人の生徒に対して「**生徒の特性（リスク要因，人種，民族性，性別）は卒業率と大学進学率に影響していますか**」と聞きました。この質問は本質的には，ガーザに通うすべての生徒集団が成果を出せるのか，そしてガーザが教育における平等と公平の原理を適切に実践できているのかをガーザの管理者が探るものでした。調査の結果，ガーザは生徒の卒業と大学への進学に関してはおおむね有効でした。しかし，ラテン系と黒人系の男子生徒の卒業と進学に関してはそれほど有効でなかったことが，この調査における重大な発見のひとつでした。このような問題は高校ではよくあることですが，それ

が明らかになったことで，ガーザの職員は，これらの生徒たちがコミュニティ内で受ける抑圧や差別を考慮した，新しい関わり方を検討するようになりました。例えば，不法滞在や親がアメリカ国籍を持たないラテン系の男子生徒は，居住環境にたくさんの障害を抱え，自分や親が強制送還されるのではないかと，つねに恐れていることがあります。このような生徒は，彼らの持つ法的権利に関する助言と，学校で彼らを守るために何ができるのかを知ることが必要でした。黒人男子生徒の状況は少し異なります。過去に当局の監察下にあったり，他の学校から退学処分になったりすることが多かったために，警察との不当な衝突や除籍処分への不安といった，別のストレスを抱えていました。このことが原因で，彼らは教師を信用していないと話したり，教師に心を開かなくなったり，さらには努力することをせず，学校文化に身を置くことを渋る結果となることもあります。この調査結果から得られた大事な教訓のひとつは，民族的マイノリティの生徒が受けてきた差別や抑圧の経験に耳を傾け，確認し，その経験は彼らが直面しなくてはならない社会の現実だが，ガーザ高校では一人で立ち向かう必要はないと伝え返すことが不可欠であるということでした。

　また，白人教師は自分自身が持つ白人としての特権を認め，SFBTを活用して，生徒が生徒自身の人生の専門家であると受け止めていることを伝え，教育や支援に必要なことを生徒一人ひとりから進んで学ぼうとすることが大事です。ガーザの教職員は，社会的公正を強調しており，生徒にも社会の憎しみや差別に反対する助けとなる地域のイベントや社会運動に参加することを勧めています。

学区で収集されたデータ

　コミュニティ内でオルタナティブ高校を持続していくためには，学校が成果を出し，教職員の努力が認められ報われることが大切です。学区とコミュニティのデータは，その努力に重要な意味を持ちます。ポジティブな結果を示すデータは，学校のアイデンティティと誇りを

強化するでしょうから，成功を示すデータが多いほど，生徒と教職員にとってプラスとなります。ガーザの生徒と教職員の努力や成果が，学区，州，全国レベルで認められることは多く，学校ではそのたびにその成果を公表しています。2016年の2月，ガーザのチェスチームが地域競技会で優勝し，数名の生徒が個人賞を受賞しました。2013年〜2014年の「キャンパス・コミュニティ＆スチューデント・エンゲージメント審査」においては，すべての部門で称賛すべき評価を得ました。そして2015年には，校長のリンダ・ウェッブ先生がオースティン独立学区[4]から，プリンシパル（校長）・オブ・ザ・イヤーを受賞しました。他にも最近，2名の教職員が表彰されました。2015年には，スクールカウンセラーがカレッジ・ザット・チェンジ・ライブズ（CTCL）によって「人生を変えるカウンセラー賞2015」を受賞し，社会科教師がガーザの混合カリキュラムに関して，学区のホームページで特集されました。上記のようなデータや表彰・評価は，教職員と生徒が学校の成功を祝い，解決志向の高校を持続させる助けとなっています。

解決志向スクールコミュニティを持続する方法

　解決志向オルタナティブ高校のプログラムは，キャンパス内で解決志向のコミュニティを構築することによって成功を維持しています。このコミュニティには，生徒，教師，職員，学区リーダー，親，コミュニティ内支援者などが含まれます。本書でこれまで述べられてきたように，学校コミュニティをつねに新しいものにし，解決構築アプローチの良さを知ってもらうために，専門的能力開発やコミュニティイベントの企画が行われてきました。例えば，2章で紹介している「徹底的に混じり合う日」（Mix It Up Day）はティーチングトレランス（Teaching Tolerance）団体が推進する全国規模の運動で，学食で

4　訳注：国や州の制度から完全に分かれて独自に運営されている学区。

形成される典型的な排他的小集団を「混じり合わせる」ようにするものです。それにより，生徒に「社会的な境界を知り，議論し，越える」（Teaching Tolerance）ことを奨励しています。ウェッブ先生はその日について，過去と現在，ガーザのプロセスに貢献するすべての人が，仲間であると感じる日だとしています。すべての人が集まり，この素晴らしい，希望にあふれる環境を作り上げた，パズルのピースの一員として，そして人間として，お互いを尊敬し合う日だと表現しています。ガーザは，ガーザの生徒，教職員，支援者たちがキャンパス内で「憎しみに用はない」ことを宣言する日として，「徹底的に混じり合う日」に参加しています。この日は，ガーザの解決志向の成功を実現させた人々が集まる日です。

　ホットドッグを頬ばりながら親しく語り合う昼食会では，背景は様々でありながら気の合う人たちが一堂に会します。例えば，ウェッブ先生が，みんなに敬愛されている用務員のレナードさんや，ガーザの生徒が住むホームレス施設のケースワーカーと，ホットドッグを食べながら会話を弾ませているのが見られます。尊敬を集めている数学教師と創立時の校長のビクトリア・ボールドウィン先生が，数名の生徒と一緒にフォースクエアのゲームを楽しんでいるのも見かけます。テキサス大学オースティン校の研究者であり，オルタナティブ高校に解決志向の介入を取り入れたシンシア・フランクリン博士も，生徒との会話に花を咲かせます。そして，ガーザの名前の由来であり，学区の元スーパーインテンデント（学区長）でもある，ゴンザーロ・ガーザ博士と教育委員長も，この親睦の日に食事をともにします。創立時からガーザで働いている教師陣は，危機にある生徒を支援する学校の構想を実現するために戦ってきたことや，校舎を改築したことで，その新しいドアをくぐる新入生の目には喪失と落胆ではなく希望と自信が見えるようになったこと，そして専門家として尊敬され，大事にされていることを感じながら毎日出勤していることに思いをめぐらせます。さらに，いつものように解決志向の思考様式が連動して，注目や敬意の念は再び生徒のほうに向けられます。生徒は有志でスピーチを

したり，詩を朗読したり，楽器を演奏したり，励ましの言葉をステージ上で披露したりするのです。

覚えておくべきキーポイント

■ 解決志向の高校を持続していくためには，校長とリーダーシップ職のチームが「今ここで」に即座に気づくこと，ストレス，疲労，ときには燃え尽き（バーンアウト）にもつながりかねない状況にも，強さに基づいた解決を見つけることが必要になります。

■ 教職員の自由裁量権を育み，教職員同士や生徒との間で前向きかつ積極的なやりとりを促す組織文化の存在。

■ 解決志向の高校は意思決定の共有を推奨し，革新にも前向きな分散化した運営体制が必要です。

■ さらに解決志向の高校は，リスクを取ることにも柔軟で協力的でなければなりません。

■ 解決志向の高校を継続するには，学校の使命と価値観を維持するために，学校が独自の建物を所有し，地域コミュニティで明確に認知されることが必要です。

■ 専門的能力開発は，教職員の高校に対するコミットメント（責任ある関与）を維持し，解決志向アプローチを持続するために不可欠です。

■ 解決志向の学校を長期にわたって持続していくには，リーダー職と教職員が解決志向の学校に対する明確なビジョンとアイデンティティを共有することが必須です。

■ リーダー職の交代時には，解決志向の高校と，その使命や解決志向アプローチを理解し，それを積極的に推し進める候補者を特定することが必要です。

■ 解決志向の高校は，データを有効活用し，学校の有効性を評価・観察・記録する継続的な努力を維持しています。これらのデー

タは，振り返りのため，および学校の成長と実践を持続するために活用されます。

まとめ

本章では，解決志向オルタナティブ高校を長期的に持続するための効果的な方法を紹介し，それを可能にする学校組織の要素について説明しました。使命と価値観を受け止め，専門的能力開発とシステム内のすべての人の成長へのコミットメント（責任ある関与）の重要性も述べられています。さらには，リーダー職の交代時にも学校の解決志向の実践を脱線させない方法について記述しています。最後に，オルタナティブ高校での振り返りと成功の継続のために評価とデータ収集を続けていくことの重要性についても書かれています。解決志向オルタナティブ高校であるゴンザーロ・ガーザ独立高校が，学校での実践を改善していくために調査を活用した例として，5つの調査研究を紹介しています。

参考文献

Franklin, C., Montgomery, K., Baldwin, V., & Webb, L. (2012). Research and development of a solution-focused high school. In C. Franklin, T. Trepper, W. Gingerich, & E. McCollum (Eds.) *Solution-focused brief therapy: A handbook of evidence-based practice* (pp. 371–389). New York, NY: Oxford University Press.

Franklin, C., Streeter, C. L., Belcuig, C., Webb, L., & Szlyk, H. (2017). *An evaluation of on-time graduation rates and college enrollment in a solution-focused alternative school for at-risk students*. Manuscript submitted for publication.

Franklin, C, Streeter, C. L., Kim, J. S., & Tripodi, S. J. (2007). The effectiveness of a solution-focused, public alternative school for dropout prevention and retrieval. *Children and Schools*, 29, 133–144. doi:10. 1093/cs/29. 3. 133

Glisson, C., & James, L. R. (2002). The cross-level effects of culture and climate in human services teams. *Journal of Organizational Behavior*, 23, 767–794. doi:10. 1002/job. 162

Jaskyte, K., & Dressler, W. W. (2005). Organizational culture and innovation in nonprofit human service organizations. *Administration in Social Work*, 29, 23–41. doi:10. 1300/ J147v29n02_03

Kelly, M. S., Kim. J. S., & Franklin, C. (2008). *Solution-focused brief therapy in schools: A 360-degree view of research and practice*. New York, NY: Oxford University Press.

Lagana-Riordan, C., Aguilar, J. P., Franklin, C., Streeter, C. L., Kim, J. S., Tripodi, S. J., & Hopson, L. M. (2011). At-risk students' perceptions of traditional schools and a solution-focused public alternative school. *Preventing School Failure*, 55(3), 105–114. doi:10. 1080/10459880903472843

Streeter, C. L., Franklin, C., Kim, J. S., & Tripodi, S. J. (2011). Concept mapping: An approach for evaluating a public alternative school program. *Children & Schools*, 33(4), 197–214. doi:10. 1093/cs/33. 4. 197

Szlyk, H. (2017). Fostering independence through an academic culture of social responsibility: A grounded theory for engaging at-risk students. *Learning Environments Research*, (4), 1–15. doi:10. 1007/s10984-017-9245-x

訳者あとがき

　竹之内が，本書でご紹介したゴンザーロ・カーザ独立高校（以下，ガーザ）のことを知るきっかけとなったのは，解決志向ブリーフセラピーの創始者であるインスー・キム・バーグが，カールという自殺企図のあった高校生と面接をしたビデオ[1]を見たことでした。この中でカールはインスーを日本人と思って日本語で話しかけたり，いつか日本に行ってみたいと話したりしていました。それが縁で私は，2007年に実際に彼を日本に招くことができました。そのときの彼へのインタビューで，彼が，「ガーザに通ったことで救われた，ガーザは第二の家庭だ」と話していたことから，この学校のことを知りました。調べてみるとそこは，解決志向アプローチ（SFA）を学校運営全体に適用している，珍しい学校だとわかりました。それで，いつかは直接行ってみたいと思っていました。

　そしてやっとその念願が叶い，2017年1月27日，本書の訳者の三島，竹之内，ネルソンは，佐賀星生学園の加藤雅世子校長，岩手の岩泉さんご夫妻とともに，本書の舞台であるテキサス州オースティンのガーザを訪問する機会に恵まれました。

　そして，ガーザの前に立ったときは，「ああ，ついに来た！」という感じでした。中へ案内していただくと，ガーザの名前の由来となったDr. Gonzalo Garza氏[2]が出迎えて挨拶してくれました。彼は朝鮮戦争の折に日本の長崎に来ていて，「昔々あるところに……」と日本語で話したり，日本の歌を日本語で歌ったりもしてくれました。彼にお目にかかれたことはとても栄誉なことでした。このガーザを訪問した

---

[1] "I'm glad to be alive...": Working with Suicidal Youth　https://www.sfbta.org/store/"I'm-glad-to-be-alive-"-Working-with-Suicidal-Youth-p101250285

[2] こちらのビデオも参照してください。http://garzaindependencehs.weebly.com/dr-gonzalo-garza.html

223

ときの内容については，いずれ“ガーザ訪問記”として，ソリューショ
ンランド³のホームページなどでご紹介したいと思っています。

　そして2018年，本書（原著）が出版されました。ガーザを訪問し
て，直接話をうかがったときにはまだ曖昧だった部分が，本書を読む
ことで，かなり明確に理解できました。そしてあのとき出会ったリン
ダ・ウェッブ校長先生や教師の方々，カウンセラーやソーシャルワー
カー，生徒の皆さんが，どうしてあのように笑顔で，熱意をもって学
校のことを語れるのかがわかった気がしました。またテキサス大学も
訪問して，本書の共著者であり，ガーザに解決志向アプローチを導入
する，指導的役割を果たしたシンシア・フランクリン教授らにもお目
にかかり，「こんな学校が世界中に広がるといいですね」というお話
をしました。

　現在の日本の学校事情を顧みると，不登校でもいいんだという風潮
が生まれたり，新しい学校運営のひとつとして，東京都千代田区立麹
町中学校⁴が注目を浴びたりしています。このような変化は，これか
らは画一的な学校ばかりではなく，色々な学校の選択肢が出てきても
よいのではないか，というひとつの動きだと思います。そのひとつの
参考として本書でご紹介したガーザがあると思います。本書がその何
かのヒントになれば幸いです。

　翻訳の作業は，序文，1章，2章，5章を三島が，3章，4章を竹之内が，
6章と7章をネルソンが担当しました。といっても，竹之内が担当し
た部分はお二人に大きなお力添えをいただきました。そして全体とし
ての最終的な訳語の判断などは竹之内がしましたので，文責は竹之内
にあります。

　最後に，何とかこの本の翻訳出版をしたいという無理なお願いを企
画会議で通し，忍耐強く，読者目線での丁寧な作業によってこのよう

---

³　解決志向を学び，実践する方々のためのスペースとして，「ソリューションランド」を
　運営しています。http://www.solutionland.com/ （2021年11月1日閲覧）

⁴　https://www.fureai-cloud.jp/kojimachi-j/ （2021年11月1日閲覧）

に素敵な本に仕上げていただいた，金子書房編集部の天満綾様に心から感謝を述べたいと思います。

2021 年 11 月
一人でも多くの子どもたちの，少しでも大きな幸せのために。
訳者を代表して　竹之内裕一（ソリューションランド）

訳者紹介

●三島徳雄　*Norio Mishima*

昭和に心身医学を学んだ老心療内科医です。当時の心身医学実践では，患者さん自身によるセルフコントロールを重視しました。解決志向アプローチの本質に触れたときに，この方法が実践的なツールを提供してくれると思い，はまりました。また，英会話にもはまっていますが，英語で学ぶと素晴らしい表現に出会うことができ，欧米の実践家たちにも惹かれています。

●竹之内裕一　*Yuichi Takenouchi*

会社員のかたわら解決志向にはまり，現在はカウンセラーとして実践しつつ解決志向の普及のためソリューションランド（http://www.solutionland.com/）を運営しています。余暇の楽しみは，やはり解決志向の探求かな。

●ネルソン彩　*Aya Nelson*

子育て中に解決志向に出会って目からうろこが落ちるような思いを経験して以来，どう子どもと解決志向で向き合えるかを日々模索し続けています。フリーランスで心理学論文や尺度，メディアコンテンツを翻訳。息抜きは家庭菜園と読書。アメリカ在住。

生徒の未来を支える
オルタナティブ高校の挑戦
解決志向の学校をつくろう！

2022年2月28日　初版第1刷発行　　　　　　　　　　　　〔検印省略〕

著　者　シンシア・フランクリン　カルビン・L・ストリーター
　　　　リンダ・ウェッブ　サマンサ・グーズ
訳　者　三島徳雄　竹之内裕一　ネルソン彩
発行者　金子紀子
発行所　株式会社 金子書房
　　　　〒112-0012　東京都文京区大塚3－3－7
　　　　TEL 03(3941)0111(代)　FAX 03(3941)0163
　　　　https://www.kanekoshobo.co.jp　振替 00180-9-103376
印　刷　藤原印刷 株式会社　　製　本　一色製本 株式会社